KB114770

"

부동산 관련 상식을 몰라서, 또는 알고 있더라도
막상 일이 닥치면 당황하지 않으십니까?
여기에 실린 부동산 상식만 잘 챙겨도 알뜰살뜰 내 집 마련,
부동산 재테크, 똑똑한 부동산 투자에
많은 도움이 됩니다.

NEW 부동산 생활백서 시즌3

"

웹어워드코리아 대상에 빛나는 닥터아파트의 생활 속 부동산 상식

NEW
부동산
생활백서
season
3

네이버 등 400만 회원이 공감한 부동산 노하우!
한번 읽으면 멈출 수 없는 부동산 만화칼럼 제3탄!

부동산포털 NO.1
닥터@아파트 리서치연구소 지음

WINNER'S BOOK

닥터아파트가 내놓은 세 번째 걸작!
네이버, 매일경제, 신한은행 등
400만 회원이 공감한 부동산 지식 총망라!

계약 전에 읽고 가면 바로 써먹을 수 있는 알찬 정보들이 가득 있습니다.

이 책을 효율적으로 보는 법을 소개합니다.

하나

1, 2편에 이어 더욱 알차고
유용한 정보들을 수록했습니다.
여러 인터넷 포털과 카페,
블로그 회원들이 공감한
다양한 부동한 이야기가 재미있는
카툰으로 소개됩니다.
유쾌한 만화와 전문적인
부동산 지식이 만나 독자들이
효과적으로 부동산 상식을
알아가도록 합니다.

둘

우리 주변에서 일어나는
실제 부동산 사례를
알기 쉽게 정리했습니다.
생생한 현장감을 느껴보세요!

셋

본문에 소개된 내용 중에서
핵심적인 내용은 눈에 잘 띄도록
색칠해 필요할 때마다
쉽게 찾아볼 수 있도록
만들었습니다.

기존에는 공동주택(다세대, 연립, 아파트)의 경우 모든 발코니에 대해 구조변경이 가능했던 반면, 단독주택(단독, 다가구, 다중주택)은 전용 당 2가구에 한해서만 발코니 확장공사가 가능했다.

하지만 국토해양부가 2012년 11월 5일부터 시행한 '발코니 등의 구조 변경절차 및 설치 기준'에 따라 다가구주택이나 다중주택에 설치하는 발코니를 가구수에 관계없이 모두 확장·변경해 침실 또는 거실 등으로 사용할 수 있게 되었다.

- **다중주택**
  학생, 직장인이 거주할 수 있지만 취사실이 제한된 구조로 연면적 330㎡ 이하 및 3층 이하인 건물

- **다가구주택**
  주택 층 수가 3개층 이하, 1개동 바닥면적이 660㎡ 이하, 총 19가구 이하인 건물

풀어쓰는 TIPS

다가구, 다세대 주택의 주택 층수 산정 방법 개선

일으이고(국토교통부, 2019년 5월 이후 공포, 시행 예정) 주택 외로는 층은 필로티의 바닥면적과 관계없이 해당 층을 주택으로 사용하지 않는다면 주택의 층수에서 제외, 기존에는 주차공간도 사용하는 필로티 면적이 1층 바닥면적 1/2 미만에 근린생활시설이 1/2 이상인 경우에는 주택층수에 포함되었다. 그간 층수 제한으로 실제 주택으로 사용되지 않음에도 불이익이 있던 다가구, 다세대, 특히 상가주택 건축 계획이 있으면 알아둔다고 반가운 소식

본문과 관련 있는
부동산 심화 팁을 곳곳에 배치하여
정보의 양과 질을 높였습니다.

넷

BOOK in BOOK

오윤섭의 부자노트

부동산으로 부자가 될 수 없는
사람들의 타이밍 잡기

주택시장이 침체기든 활황기든 부동산으로 부자가 될 수 없는 사람들에게 공통점이 있다. 이 공통점을 하나 이상 보유하고 있다면 부동산으로 부자가 되는 길은 쉽지 않다.

하지만 자신이 이런 공통점을 갖고 있다고 하더라도 긍정적인 자세로 변화를 실행한다면 그만큼 성공으로 가는 길은 짧은 순환해질 것이다. 이를 위해선 부자가 될 수 있는 기초체력(린데빌빌)을 다져야 할 것이다.

확정 ! 바닥에 사서 꼭지에 팔겠다

주식과 마찬가지로 부동산도 바닥에 사서 꼭지에 파는 것은 현실적으로 불가능하다. 과거에 언인해 하며 바닥으로 떨어지면 사겠다고 바닥으로 떨어진 때가지 기다리는 사람을 주변에서 의외로 많이 볼 수 있다. 전문가도 아니 신이 아닌 이상 인간이 바닥이 언제인지, 꼭지가 언제인지 미리 알 수는 없다. 바닥을 친 뒤 오름세가 시작돼야 바닥인지 알 수 있고, 꼭지가 오고 하락세가 시작돼야 꼭지인지 알 수 있다.

따라서 매수 타이밍으로 바닥을 고집하는 것은 헛된 망상에 불과하다는 것을 명심해야 한다. 사고자 하는 부동산에 대한 선택과 집중으로 무릎일 때 사는 것이 가장

다섯

BOOK in BOOK
오윤섭의 부자노트

닥터아파트에서 인기리에 연재 중인
〈오윤섭의 부자노트〉를 모았다!
부동산 초보자부터 투자자들에
이르기까지 부동산 부자로 거듭나는
지름길을 안내합니다.

여섯

| 특별부록 |
돈이 모이는 알짜 정보
부동산 투자생활백서

부동산 투자 초보자들도 유쾌하고
쉬운 만화칼럼을 읽다 보면
어느새 투자의 기초를
익힐 수 있습니다.

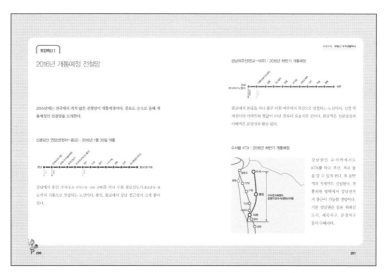

내 집 마련을 위한 첫걸음

내 집 마련은 일생일대 가장 큰 '쇼핑'이다. 부동산은 꼼꼼히 따져보고 신중하게 선택해야 한다. 그런데 의외로 기본 지식만 알면 현명한 선택을 할 수 있는 게 부동산이기도 하다. 《NEW 부동산 생활백서 시즌3》는 1편, 2편에 이어 내 집 마련을 계획하는 이들이라면 꼭 읽어야 할 책이다. 청약 저축부터 부동산 계약 그리고 이사까지 부동산에 관한 모든 지식을 쉽고 자세하게 알려준다.

부동산 투자의 큰 흐름을 주로 알려주는 다른 부동산 책과는 달리 《NEW 부동산 생활백서》 시리즈는 부동산 투자의 트렌드부터 기초지식까지 세세하게 짚어주기 때문에 초보자들이 쉽게 보고 따라 할 수 있다. 투자자가 가져야 할 마음가짐부터 내 집 마련을 준비하는 실수요자까지 400만 회원이 검증한 베스트 부동산 정보와 체크 리스트가 가득하다.

특히 이 책은 실생활에 꼭 필요한 부동산 상식을 생동감 있는 삽화를 통해 재미있게 그려내고 있다. 어렵게만 느껴졌던 부동산 재테크 지식을 쉽게 배울 수 있도록 다양한 예시와 간결한 문장으로 표현했다. 계약서 쓰기에도 두려움을 느꼈던 부동산 초보자들이 믿고 의지할 수 있는 길잡이 역할을 할 것이다.

1편, 2편에 이어 3편도 다채로운 주제별 부동산 상식이 담겨있다. '안전한 전셋집을 찾기 위한 체크리스트'처럼 부동산을 살 때 유의할 점부터 '내 집 빨리 파는 성형술이 있다'와 같은 부동산을 적기에 되파는 노하우까지 이전보다 더 유익하고 재미있는 구성으로 독자들을 기다리고 있다.

21세기를 사는 현대인들에게 경제 지식은 꼭 필요하다. 그 가운데 더욱 중요한 것이 부동산에 대한 지식이다. 우리는 누구나 부동산 재테크의 고수가 되고 싶어 한다. 하지만 부동산 지식을 제대로 알고 실천하는 이들은 거의 없다. 이 책은 고수들의 부동산 재테크 노하우를 재미있는 만화와 쉬운 문장으로 전달하여 독자들의 안목을 넓히는 데 도움을 준다.

부동산 재테크를 잘하기 위해서는 당연히 부동산 지식에 대해 잘 알아야 한다. 이 책은 부동산에 대한 가장 생생한 정보와 더불어 우리 생활과 밀접한 각종 부동산 이야기가 생동감 있는 삽화를 통해 전달된다. 책에 담겨있는 여러 가지 부동산 지식을 읽다 보면, 부동산에 대한 독자들의 시야가 그만큼 넓어질 것이다.

매일경제 **임영신** 기자

악재에도 살아남을 아파트보다 중요한 것

지난해 말 2016년을 앞두고 주택시장에는 공급과잉, 미국 금리 인상, 대출규
제 등 3대 악재로 인해 막차라는 말들이 나왔습니다. 개미들은 이런 말을 듣고
가슴이 철렁했습니다. 이미 주택을 구입한 개미는 내가 산 아파트 가격이 하락
하지 않을까 노심초사였습니다. 또 사려고 하는 개미들은 가격하락을 두려워
해 선뜻 매수하지 못했습니다.

사실 외환위기 직후인 1998년이나 글로벌 금융위기 2008년처럼 주택시장 침
체기에 주변의 반대를 무시하고 아파트를 사는 것은 쉽지 않았습니다. 악재가
발생할 때 역발상으로 투자하는 건 쉽지 않습니다. 하지만 침체기나 악재장에
서 과감히 아파트를 사고 오랫동안 보유한 사람만이 최후의 승리자가 될 수 있
습니다. 3대 악재에도 불구하고 아파트를 구입할 수 있는 힘은 결국 투자자 자
신에게 나옵니다.

금리 인상은 미국이나 우리나라나 경기가 호전되지 않는 한 인상 폭이 크지 않
을 것입니다. 오히려 수출증가로 국내 경기가 호전되면 오히려 부동산 가격 상
승 호재가 될 수 있습니다. 공급과잉은 분명 주택시장을 위축시키겠지만, 매매

가는 지역별 수급에 더 크게 영향을 받습니다. 내가 사는 아파트의 지역에 공급초과가 장기간 지속되는 곳만 피하면 됩니다. 일시적 공급과잉이거나 수급이 안정적이라면 적극 매수할 필요가 있습니다.

대출규제 중 중도금 집단대출 규제는 정부가 의도하는 효과, 즉 주택건설사의 '묻지마 공급'에 제동을 걸 수 있을 것입니다. 또 중도금 및 주택담보대출 규제는 소비자의 '묻지마 청약'에 제동을 걸 것입니다. 신규주택 공급과잉 속도가 완화되면 수급이 안정화돼 오히려 호재입니다.

따라서 3대 악재처럼 악재장이 지배하는 주택시장에서는 장세에 휘둘리지 않는 가치투자자의 마음가짐이 중요합니다. 전문가나 주변의 눈(조언)이 아닌, 자신만의 눈, 부동산 부자의 눈으로 역발상 투자를 해야 합니다. 악재의 이면(The Hidden Side)을 봐야 합니다.

부동산 부자가 투자하는 아파트가 바로 악재에도 살아남을 아파트입니다. 부동산 부자들은 지난 2014년에 이어 2015년 들어 적극적으로 재건축 단지와 강남권 또는 범강남권 분양권을 매수했습니다. 또 호재가 예정돼 있고 외부수요층이 늘어나고 있는 재고아파트로 갈아탔습니다.

공급과잉 등 악재에 살아남을 아파트는 세 가지 조건을 갖추고 있습니다. ❶ 강남권 ❷ 강남에 30분 이내 접근하는 역세권(역에서 걸어서 5분 거리) ❸ 도심권 역세권입니다.

악재에 살아남을 아파트의 특징은 첫째, 수요층이 풍부하다는 것입니다. 특히 외부수요가 꾸준히 유입되고 있다는 것입니다. 둘째로는 지역 경제력(GDP)이 높거나 높아지고 있다는 것입니다. 광교 위례 판교 신도시처럼 말입니다.

그러나 악재에 살아남을 아파트를 찾는 것보다 중요한 게 바로 투자자의 마음입니다. 악재장에서 휘둘리지 않는 투자자의 마음입니다. 거듭 말하지만 바람에 흔들리는 건 깃발이 아닙니다. 여러분의 마음입니다. 투자 실패에 대해 시장을 탓할 것이 아니라 여러분 마음을 탓해야 합니다. 악재장에서 흔들리지 않고 묵묵히 자신만의 길을 갈 때만 최후의 승리자가 될 수 있습니다.

《NEW 부동산 생활백서 시즌3》가 출간됐습니다. 〈부동산 생활백서〉는 닥터아파트의 대표적인 킬러 콘텐츠로서 지난 2008년부터 생산하고 있습니다. 3편은 부동산 초보자에게 와 닿는 부동산 생활정보를 가득 담았습니다. 1, 2편 발간 노하우를 통해 더욱 갈고 닦았습니다. 또 부동산 상식을 이해하기 쉽게 독자들에게 전하고자 하는 닥터아파트의 열망이 담겨있습니다.

《NEW 부동산 생활백서 시즌3》는 1, 2편과 마찬가지로 닥터아파트 직원의 땀으로 열매를 맺은 책입니다. 특히 닥터아파트 김수연 리서치팀장, 오현숙씨에게 감사를 전합니다.

2016년 5월
닥터아파트 대표 **오윤섭**

부동산
생활백서 |차례|

BOOK IN BOOK |오윤섭의 **부자노트**| __ 039
부동산으로 부자가 될 수 없는 사람들의 타이밍 잡기

BOOK IN BOOK |오윤섭의 부자노트| __ 131
코뿔소처럼 움직여 느끼고 돌격하라

BOOK IN BOOK |오윤섭의 부자노트| __ 153
규제 강화시 최적의 매매 타이밍 잡는 법

특별 부록 부동산 투자생활백서

01 안전한 전셋집을 찾기 위한 체크리스트 ✔

등기부등본 확인은 필수!

담보대출은 얼마?

가처분, 가등기 No No No~

미납 국세는 없는지…

다른 세입자는 몇 명?

이사철을 앞두고 전셋값이 급등하고 있다!
아파트의 경우 매매가 대비 전세금 비율인 전세가율이 80%에 달하는 등
전셋값 고공행진이 계속되고 있다.
전 재산이나 다름없는 전세금! 돌다리도 두드리고 건너듯
안전한 전셋집을 얻기 위해 반드시 점검해야 할 것은 무엇일까?

첫째, 대출금과 전세금을 합한 금액이 집값의 70% 이하면 안전

등기부등본을 통해 근저당권이 설정돼 있으면 근저당 채권최고액(근저당권)을 확인한다. 집을 담보로 은행 대출을 받을 경우 통상 실제 대출금의 120%가 채권최고액으로 설정된다. 채권최고액/1.2로 계산하면 실제 대출금을 알 수 있다.

둘째, 가처분·가등기 등 소유권 행사에 제약이 있는 집은 절대 금물

가처분, 가등기, 가압류 등이 설정된 집은 전입신고, 확정일자도 소용없다. 집주인이 빚을 갚지 못해 제3자에게 집이 넘어가는 경우, 세입자는 새 집주인에게 임차권을 주장할 수 없다.

셋째, 집주인에게 밀린 국세가 있는지도 확인 대상

만일 집주인이 연체된 국세가 너무 많아 집이 경매에 넘어갈 경우 국세징수법상 국세 징수가 보증금보다 우선이므로 낭패를 볼 수 있다.

넷째, 세입자가 많은 집은 일단 피하는 게 상책

단독주택과 다가구주택의 경우 세입자가 여럿인 경우가 있다. 세입자의 보증금도 모두 집주인의 빚이다. 세입자들의 전체 보증금이 집값보다 적어야 안전하다.

다섯째, 전세금이 소액일 경우 최우선 임대차보증금 보호대상인지 확인은 필수

근저당 보호대상인 주택에 살다 경매에 넘어갈 경우 임차인은 서울 3,200만 원, 수도권 과밀억제권역은 2,700만 원까지 우선 보호받을 수 있다.

02 내 집 빨리 파는 성형술이 있다

잘 팔 수 있어요. 느낌 아니까~

어떻게 하면 집을 잘 팔 수 있을지 집주인들은 늘 고민이다.

만일 당신이 하우스푸어라면
내 집을 더 빨리,
더 잘 팔 수 있는 비법은 무엇일까?

보기 좋은 떡이 먹기도 좋다. 집도 어떻게 보기 좋게 꾸미는가에 따라 거래가 더 쉽게 될 수도 있다. 가격이 싸다고 빨리 팔린다는 보장은 없다. 그렇다면 내 집을 어떻게 팔 것인가?

물론 매도타이밍이 가장 중요하겠지만 그것 외에도 남보다 빨리 팔기 위한 내 집 꾸미기 '성형술'을 고려해볼 수 있다.

1. 작은 하자들은 과감히 수선할 것

화장실, 주방 등은 적은 비용으로도 간단히 수선할 수 있다. 낡은 싱크대는 시트지를 이용해 보완하면 새것 같은 느낌을 줄 수 있다. 가스 레인지와 레인지 후드는 기름때를 깨끗이 닦아준다. 주방 타일은 얼룩지지 않게 청소해준다. 화장실 타일 사이의 실눈과 실리콘 부분은 락스로 때를 제거한다.

2. 둘째, 집이 넓어 보이게 하라

집이 좁아 보이는 것도 팔 때 걸림돌이 된다. 불필요한 짐들은 버리든지 정리를 하는 것이 좋다. 가구는 비슷한 높이로 배치하고 벽지를 밝은 색으로 통일해도 좋다. 집안에 큰 거울을 배치하는 것도 공간이 넓어 보이는 효과가 있다.

3. 셋째, 소음과 냄새도 신경 쓸 것

손님 방문 전에 환기를 시키거나 간단한 방향제 등을 뿌려 불쾌한 냄새를 제거하는 것도 중요하다. 화장실과 싱크대 배수구에서 역한 냄새가 나지 않도록 장치를 한다. 또한 집 안에서 외부 소음이 들릴 경우 음악이나 TV 등을 틀어 소리는 없애는 것도 방법이다.

4. 화창한 시간대를 선택하고 조명을 밝게 켜둘 것

집을 보여주는 시간대도 중요하다. 날이 흐리거나 너무 늦은 시간은 피하라. 가급적 화창한 날을 택하는 것이 좋다. 또한 집이 남동향인지 남서향인지 등 향에 따라서도 보여주는 시간을 달리 정하는 것이 좋다. 집을 보러 왔을 때는 모든 방과 거실에 조명을 환히 켜서 밝은 인상을 준다.

03

거주지와 관계없이 누구나 청약할 수 있는 지역이 있다

일반적으로 아파트는 해당 주택건설지역에 거주하는 가구주에게 1가구 1주택의 기준으로 공급하는 것이 원칙이다. 하지만 해당 주택건설지역에 거주하지 않아도 청약할 수 있는 경우도 있다. 어디일까?

하나 「신행정수도 후속대책을 위한 연기·공주지역 행정중심복합도시 건설을 위한 특별법」 제11조에 따라 지정된 **예정지역**

둘 「도청이전을 위한 도시건설 및 지원에 관한 특별법」 제6조에 따라 지정된 도청이전신도시 개발예정지구

셋 「공공기관 지방이전에 따른 혁신도시 건설 및 지원에 관한 특별법」 제6조에 따라 지정된 **혁신도시개발예정지구**

넷 「기업도시개발 특별법」 제5조에 따라 지정된 기업도시개발구역

04 입주자 사전점검
유의사항 총정리

입주자 사전점검이란?

입주예정자가 자기가 살 집을 입주 전에 둘러보고
하자가 있을 경우 시공사에 보수를 요구하는 것이다.
사전점검은 통상적으로 입주예정일 1~2개월 전에 실시된다.

사전점검 진행 절차

① 사전점검 안내문 발송 → ② 입주자 현장도착 → ③ 접수 · 교육 · 안내 → ④ 입주자 점검 및 지적사항 작성 → ⑤ 점검표 제출 → ⑥ 입주 전 보수완료 → ⑦ 보수완료 여부 확인 → ⑧ 전산처리

사전점검 시 주요 체크 포인트

- **현관** : 문 개폐(도어록 작동) 및 도장 상태, 현관문 홈 · 변형, 현관문틀 주위 도배 마감, 신발장 설치 및 신발장 고정 여부, 바닥 타일 구배 · 파손 · 줄눈 상태, 전등 센서 작동 여부

- **방** : 창 · 문 개폐 상태, 장판 및 바닥면 요철(오목함과 볼록함) 여부, 도배 접착 · 훼손 · 오염 여부, 천정 · 벽 등 접촉 및 마감 상태, 전등 설치 및 작동 여부, 콘센트 설치 및 난방기 작동 여부

- **거실** : 창 · 문 개폐 상태, 유리창 문틀 고정 상태 및 손상 여부, 바닥마루 이음 부위 접착 상태, 인터폰 연결 작동 상태, 누전차단기 작동 여부, 장판 및 도배 접착 · 훼손 · 오염 여부, 천장 · 벽 등 접촉 및 마감 상태, 전등 설치 및 작동 여부, 콘센트 설치 상태

- **주방** : 싱크대(상 · 하부장) 문 개폐 상태, 싱크대 파손 · 흠 · 고정 불량 여부, 가스 렌지 후드 작동 및 배기구 연결 상태, 수도꼭지 설치 상태, 벽 타일 파손 · 들 뜸 · 탈락 여부

- **욕실** : 양변기 설치 상태(파손 · 벽시멘트 마감 · 누수), 세면기 및 욕조 설치 상태(파손 · 코킹 · 배수), 수도꼭지 · 거울 · 수건 휴지걸이 부착 상태, 바닥 타일 파손 및 구배(배수 상태), 전등 · 콘센트 · 팬 설치 및 작동 상태

➕ 플러스 TIPS

사전점검 시 유용한 준비물

❶ 분양 카탈로그 : 실제 시공된 마감재와 카탈로그에 있는 사양이 같은지 비교
❷ 카메라 : 하자 발생 부분을 사진으로 찍어 증거물을 남겨두기 위함
❸ 포스트잇 및 필기도구 : 하자 발생 부분에 포스트잇을 붙여두는 용도

05 다가구주택 발코니 확장

이제 고민하지 마세요

다가구주택도 아파트처럼
발코니를 확장해 내부 공간을
보다 넓게 사용할 수 있다!

기존에는 공동주택(다세대,연립,아파트)의 경우 모든 발코니에 대해 구조변경이 가능했던 반면, 단독주택(단독,다가구,다중주택)은 건물 당 2가구에 한해서만 발코니 확장공사가 가능했다.

하지만 국토해양부가 2012년 11월 5일부터 시행한 '발코니 등의 구조 변경절차 및 설치 기준'에 따라 다가구주택이나 다중주택에 설치하는 발코니를 가구 수에 관계없이 모두 확장·변경해 침실 또는 거실 등으로 사용할 수 있게 되었다.

● **다중주택**

학생, 직장인이 거주할 수 있지만 취사실이 제한된 구조로 연면적 330㎡ 이하 및 3층 이하인 건물

● **다가구주택**

주택 층 수가 3개층 이하, 1개동 바닥면적이 660㎡ 이하, 총 19가구 이하인 건물

 플러스 TIPS

다가구, 다세대 주택의 주택 층수 산정 방법 개선

앞으로(국토교통부, 2016년 5월 이내 공포, 시행 예정) 주택 외 용도 층은 필로티의 바닥면적과 관계없이 해당 층을 주택으로 사용하지 않는다면 주택의 층수에서 제외.

기존에는 주차장으로 사용하는 필로티 면적이 1층 바닥면적 1/2 미만에 근린생활시설이 1/2 이상인 경우에는 주택층수에 포함됐었다. 그간 층수 제한으로 실제 주택으로 사용되지 않음에도 불이익이 있던 다가구, 다세대, 특히 상가주택 건축 계획이 있으면 합리적이고 반가운 소식!

06 매매계약할 때,
매도자 확인은 필수!!!

부동산 거래 시 가장 주의할 것은 매도자가 본인인지 신분을 확인하는 일이다. 매도자 확인 실수로 사기를 당하는 경우가 종종 있기 때문이다. 공인중개사도 사기를 당하는 세상이니 일반인은 더 말할 필요도 없다. 사소한 실수로 매수한 부동산을 날려버리지 않으려면 두 눈 부릅뜨고 매도자 확인하는 방법 3단계를 명심하자!

1단계. 매도인 신분증 확인

가장 기본이 되는 것은 주민등록증 확인이다. 육안으로 신분증을 확인했다면 다음 단계로 넘어가자.

2단계. 자동응답시스템(ARS) 또는 인터넷으로 신분 확인하기

전화 1382(안전행정부 주민등록증 음성확인서비스)를 누른다. 그런 다음 매도자의 주민등록번호와 발급일자를 누른다. '일치합니다'라는 멘트가 나오면 신분증은 진짜이고, '일치하지 않는다'거나 '일치하지만 분실신분증이다'라는 안내가 나올 경우 계약을 해서는 안 된다.

또는 인터넷 민원24시(www.minwon.go.kr)서비스에서 확인하는 방법도 있다. 먼저 주민등록증 진위확인 메뉴를 클릭한 다음, 주민번호와 발급일자를 입력하면 전화 1382의 경우와 같은 방식으로 조회할 수 있다. 하지만 만일 매도자의 신분증을 잘 아는 사기꾼을 만난다면 이 방법도 무용지물! 그럴 때는 세 번째 단계로 넘어간다.

3단계. 등기권리증 확인하기

등기권리증은 등기필증, 권리증서라고도 하며 흔히 집문서, 땅문서라고도 부른다. 등기권리증은 '등기필' 빨간색 도장이 찍힌 매매계약서인데, 여기서 주의할 점은 법원 등기소의 등기필 직인이 찍혀 있어야만 유효하다는 것이다.

건축 시 알아야 할 건축법상 면적에 대해

닥터건축연구소

대지면적 131.3m²에 용적률이 220%면 연면적은 288.8m² 정도 나오네요.

대지면적??
연면적??

건축사 장돈건

건축법상 면적의 종류에는
대지면적, 건축면적, 바닥면적, 연면적의 4가지가 있다.
이들 면적은 건폐율과 용적률의 산정기준이 되고,
그 외 건축 시 지켜야 할 법규의 기준이 된다.

건축 시 알아야 할 대지면적, 건축면적, 바닥면적, 연면적의 개념에 대해 알아보자.

대지면적

대지의 수평투영면적으로, 폭 4m 미만의 도로에서 건축선이 지정된 경우에는 도로와 건축선 사이의 면적은 대지면적에서 제외한다. 단, 폭 4m 이상의 도로에서 건축선을 별도로 지정한 경우에는 도로와 건축선 사이의 면적을 대지면적에 포함한다.

건축면적

건축물 외벽 중심선(외벽이 없으면 외과기둥의 중심선)으로 둘러싸인 부분의 수평투영면적을 말한다. 단, 지표면상 1m 이하에 해당하는 건축물의 부분은 건축면적에서 제외한다.

바닥면적

건축물의 각층 또는 그 일부로서 벽, 기둥 등 이와 유사한 구획의 중심선으로 둘러싸인 부분의 수평투영면적을 말한다. 벽, 기둥이 없는 건축물의 경우에는 지붕 끝부분으로부터 수평거리 1m 후퇴한 선으로 둘러싸인 수평투영면적을 기준으로 한다.

연면적

건축물(동일대지상 2동 이상의 건축물 포함) 각층의 바닥면적 합계를 말한다. 단, 용적률 산정 시에는 지하층의 면적과 지상층의 주차용(부속용도인 경우에 한함)으로 사용되는 면적은 연면적에서 제외한다.

세입자가 자꾸 월세를 연체해요!
계약 해지할 수 있나요 ?

주택 임대료로 노후수입을 삼고 있는 나태평씨.
세입자가 석달 월세를 계속 한달치씩만 연체해서 골머리를 앓는 그에게
최근 새로운 세입자가 나타났는데….

**과연 나태평씨는 기존 계약을 해지하고
새로운 임차인을 맞을 수 있을까?**

민법 제640조(차임연체와 해지)에는 "건물 기타 공작물의 임대차에서 임차인의 차임연체액이 2기의 차임액에 달하는 때에는 임대인은 계약을 해지할 수 있다"고 되어 있다.

여기서 "차임연체액이 2기의 차임액에 달하는 때"란 밀린 연체액이 두달치 월세가 되는 시점을 의미한다. 즉, 매월 30일에 100만 원씩 지불하기로 했다면, 연체액이 200만 원에 달하는 때에 임대계약을 해지할 수 있다는 뜻으로, 2기란 2회 연속의 의미가 아닌, 누적해서 두 번 임대료를 연체할 경우 계약 해지할 수 있다는 것이다.

하지만 임차인이 월세를 5월 30일에는 안 내고 6월 29일에 100만 원을 내고, 한달치를 연체했다가 다시 7월 29일에 100만 원 냈을 경우, 누적 연체는 한달에 불과하므로 계약해지 사유가 되지 않는다.

나태평씨의 경우 세입자가 이러한 법 조항을 잘 알고 있는 것으로, 속 터지고 얄밉기는 하겠지만 계약만료 전까지는 원만하게 타협하는 게 상책이다.

플러스 TIPS

주거안정 월세 대출
일단, 신청일 현재 만 35세 이하인 사람.
– 취업준비생 (연소득 6천만 원 이하의 부모와 따로 거주하는 자)
– 사회초년생(취업 후 5년 이내의 만35세 이하 연소득 배우자 포함해서 4천만 원 이하)
– 근로장려금 수급자(신청일 기준 1년 이내 수급사실 인정)
– 희망키움통장 가입자
➔ 임차보증금 1억 원, 월세 60만 원 이하 주택. 월 30만 원씩 2년간 최대 720만 원(대출금리 연 1.5%/) 지원. 1년마다 은행에서 실거주 여부를 확인하니, 꼭 실거주자가 신청해야 한다.

09 리스크를 낮추는
재개발투자 ABC

재개발 투자는 재건축보다 복잡하다는 선입견이 강하다.
그래서 부동산 초보자들이 재개발 투자를 꺼리는 경우가 많다.
하지만 재개발 투자에 대한 기본상식을 알고 사업 속도와 사업단계에
집중하면 누구나 쉽게 투자할 수 있다.

관리처분인가 전후에 사라

재개발사업은 관리처분인가 전후로 권리가액과 추가부담금이 거의 확정되기 때문에 투자 리스크가 크게 줄어든다. 물론 리스크가 작은 만큼 초기 투자비가 많이 들고 인기 지역은 조합원 입주권에 프리미엄이 많이 붙는다.

투자자는 추가부담금 등을 이유로 관리처분인가 전후에 나오는 급매물을 잡으면 된다. 또 관리처분인가 이후 동 호수 추첨에서 저층이나 마음에 들지 않는 동호수를 배정받은 조합원 입주권이 저가매물로 나오는 경우가 많다.

입지가 좋은 재개발구역이라면 관리처분인가를 위한 조합원 총회 이후 조합원 이주가 끝나기 전, 늦어도 일반분양을 하기 전에 매수하는 게 좋다.

희망 평형을 배정받을 수 있는 권리가액의 입주권을 사라

우선 희망 평형을 결정하는 게 중요하다. 조합원끼리 같은 평형에서 경쟁이 붙었을 때는 권리가액이 높은 순으로 우선 배정된다. 조합원의 실제 자산가치인 권리가액이 많아야 요즘 인기 있는 소형 평형을 배정받을 수 있다.

권리가액이 재개발 투자의 수익성을 결정한다. 권리가액은 감정평가액에서 비례율을 곱하면 된다.

개발이익율이라고도 하는 비례율은 분양수입 등 조합이 벌어들일 총수입에서 총사업비를 뺀 금액을 종전자산 감정평가액으로 나눈 금액이다.

추가부담금이 낮은 입주권을 사라

추가부담금은 조합원이 배정받은 평형의 분양가에서 권리가액을 뺀 금액이다. 추가부담금을 줄이려면 권리가액이 많은 지분(입주권)을 사는 게 핵심이다.

권리가액이 많으려면 비례율이 높아야 한다. 비례율이 높으려면 조합원 수에 비해 일반분양물량이 상대적으로 많아야 한다. 일반분양가가 높아지면 수익성이 높아져 비례율이 높아진다. 용적률이 높아져도 분양물량이 늘어나 비례율이 올라간다.

주의할 점은 조합원의 감정평가액이 높으면 추가부담금이 줄어든다는 건 착각이다. 감정평가액이 높으면 조합의 종전자산평가액이 늘어나 그만큼 비례율이 낮아지게 된다. 감정평가액과 비례율은 반비례라는 것을 명심해야 한다.

오윤섭의
부자노트

부동산으로 부자가 될 수 없는
사람들의 타이밍 잡기

주택시장이 침체기든 활황기든 부동산으로 부자가 될 수 없는 사람들에게 공통점이 있다. 이 공통점을 하나 이상 보유하고 있다면 부동산으로 부자가 되는 길은 쉽지 않다.

하지만 자신이 이런 공통점을 갖고 있다고 하더라도 긍정적인 자세로 변화를 실행한다면 그만큼 성공으로 가는 길은 순탄해질 것이다. 이를 위해선 부자가 될 수 있는 기초체력(펀더멘털)을 다져야 할 것이다.

특징 1 바닥에 사서 꼭지에 팔겠다

주식과 마찬가지로 부동산도 바닥에 사서 꼭지에 파는 것은 현실적으로 불가능하다. 과거에 연연해 하며 바닥으로 떨어지면 사겠다고 바닥으로 떨어질 때까지 기다리는 사람을 주변에서 의외로 많이 볼 수 있다. 전문가도 신이 아닌 이상 바닥이 언제인지, 꼭지가 언제인지 미리 알 수는 없다. 바닥을 친 뒤 오름세가 시작돼야 바닥인지 알 수 있고, 꼭지가 오고 하락세가 시작돼야 꼭지인지 알 수 있다.

따라서 매수 타이밍으로 바닥을 고집하는 것은 헛된 망상에 불과하다는 것을 명심해야 한다. 사고자 하는 부동산에 대한 선택과 집중으로 무릎일 때 사는 것이 가장 좋다. 물론 지금이 무릎이냐 아니냐는 스스로 판단해야 한다. 상승세로 반전되고 일시적인 오름세인지, 대세 상승인지를 독자적으로 알아내야 한다.

특징 2 리스크를 너무 강조해 저지르지 않는다

투자의 장점과 단점을 균형 있게 파악하고 분석하는 것은 당연하다. 하지만 투자를 하면서 단점과 리스크를 너무 강조하며 꼬투리를 잡는데 몰두하는 사람은 결국 저지를 수 없다. 가격이 너무 비싸다, 지금 샀다가 떨어지면 어떻게 해야 하나? 사놓고 오르지 않으면 책임질 것이냐? 등등 지금 보이는 단점과 리스크를 너무 강조하면서 매입 타이밍을 놓치는 경우이다.

워런 버핏은 리스크란 '자신이 하고 있는 투자 행동을 모르고 있는 상태'라고 말했다. 즉 투자 대상에 서서 철저하게 분석하지 않고 투자하는 것을 리스크로 봤다. 자신의 능력 범위 안에서 투자대상을 정확하게 독자적으로 이해할 수 있다면 리스크는 투자의 성패에 중요하지 않다는 것이다.

특징 3 매매 타이밍은 항상 남을 따라 한다

이런 유형의 사람들은 대부분 침체시장에서는 당연히 남들처럼 살 생각을 하지 않는다. 사지 않을 뿐 아니라 아예 살 생각을 하지 않는다. 부동산으로 부자가 된 사람은 모두 일반인이 살 때 팔고, 일반인이 팔 때 샀다. 이는 단순히 역발상 투자라기보다는 빠른 정보력과 분석력을 통해 투자대상에 대해 독자적으로 명확하게 이해하고 있기 때문에 일시적인 기회를 놓치지 않는 것이다. 풍부한 자금도 기회를 놓치지 않는데 한몫한다.

하지만 부동산으로 부자가 될 수 없는 사람은 가격이 올라야 남들처럼 관심을 가지기 시작한다. 이는 팔 때도 마찬가지이다. 남들이 팔려고 하니 추격 매도에 나서 매도 타이밍을 잘못 잡기 십상이다.

특징 4 쓸 돈도 없는데 무슨 투자냐?

한마디로 돈이 없다는 것이다. 쓸 돈도 없는데 무슨 부동산 투자냐며 아예 관심을 두지 않는 것이다. 돈이 없는 상황에서 물론 대출받거나 꿔서 부동산에 투자하는 것은 지양해야 한다. 하지만 아예 관심을 갖지 않는 것은 부동산으로 돈 버는 기회를 스스로 원천봉쇄하는 것이다. 투자와 돈의 많고 적음은 상관없다는 것을 투자의 역사에서 이미 입증하고 있다.

이런 유형의 사람들은 부동산 투자의 첫걸음인 종잣돈을 마련하는데도 별 관심이 없다. 부동산 투자는 1천만 원만 있어도 시작할 수 있다. 하지만 돈이 없다고 한탄하고 불평하면서 종잣돈을 마련하지 않는 사람이라면 부동산으로 절대 부자가 될 수 없다.

10 가계약금, 돌려받을 수 있다? 없다?

주택 임대차계약 또는 매매계약을 맺을 때 계약금을 주고받는다. 이때 본 계약 전에 임시적으로 맺는 것을 '가계약'이라 한다. 계약해지 시 계약금은 몰라도 가계약금은 돌려받을 수 있다고 생각하는 경우가 있는데…. 과연 가계약금은 돌려받을 수 있을까?

**결론적으로 말하면 가계약금 역시 계약금과 마찬가지로
원칙적으로 돌려받을 수 없다!**

법적으로 '가계약금'이라는 용어는 없으며, 군이 해석하자면 계약금의 일부로 볼 수 있다. 설령 계약서를 작성하지 않고 구두계약만 맺은 후 가계약금을 주고받았어도 계약의 중요사항(임차목적물, 임차금액 등)에 대해 당사자 간에 합의가 이뤄졌다면 계약은 유효하다.

반대 경우로 계약금 지불이 안 됐더라도 계약서를 썼다면 이 또한 계약을 맺은 것으로 봐야 한다. 임대차계약(또는 매매계약)을 체결할 때는 통상 임차보증금(매매대금)의 10%에 해당하는 금액을 계약금으로 지급하는 것이 관례다. 이 계약금은 계약을 해지하는 경우 상대방에 대한 손해배상의 기준이 된다(「민법」 제398조 제4항 및 제565조 제1항).

그렇다면 계약해지 시 가계약금을 돌려받을 방법은 전혀 없을까?

가계약금 지불 전에 단서를 제시하는 방법이 있다. 이때 "○○까지 본계약을 진행할 수 없다면 계약은 무효로 하며 계약금 중 일부는 반환하기로 한다" 등의 특약사항을 작성하면 된다.

계약금은 계약이 체결되었다는 증거금이다. 임차인이 계약 당시 계약금을 지급한 경우, 당사자의 일방이 이행에 착수할 때까지 임차인은 지급한 계약금을 포기하고 계약을 해제할 수 있다. 또 임대인은 계약금의 2배에 달하는 금액을 지불하고 계약을 해지할 수 있다. 이처럼 계약금은 임대차계약 후 계약해지 시 해약금의 기준이 되기도 한다. 이처럼 한 번 맺은 계약은 구두계약이든 문서로 했든 결과적으로 그에 상응하는 책임을 져야 하는 만큼, 계약은 물론 가계약도 신중에 또 신중을 기하는 것이 좋다.

중개수수료,
이럴 땐 어떻게 계산하나요?

중개수수료에 대해
가장 많이 궁금한 것들을

파 헤 쳐 보 자 !

Q1 공부상 용도와 실제 사용용도가 달라요!

A 중개수수료의 산정 기준은 실제 사용 용도가 아닙니다. 건축물대장 등 공부를 기준으로 면적을 산정하기 때문에 공부상 용도로 주택, 주택 외로 구분해서 중개수수료를 산정합니다.

Q2 매매와 임대차 계약을 동시에 했어요!

A 동일한 대상물에 대해 동일 당사자들이 매매를 포함한 둘 이상의 거래를 한 경우, '매매계약'에 관한 거래금액만을 적용해 중개수수료가 부과됩니다.

Q3 건축물대장상의 용도는 '다세대주택'인데 '사무실'로 사용한다고 계약했어요!

A 중개수수료의 적용 기준은 주택 또는 주택 외로 구별하고, 건축법에서는 건축물을 용도에 따라 단독주택, 제1종 근린생활시설 등 28종으로 분류합니다. 다세대주택은 공동주택에 해당되므로 주택의 요율을 적용합니다.

Q4 임대차 기간 내에 전 임차인이 새로운 임차인을 찾아 계약이 해지 됐어요!

A 중개업자는 중개 업무를 의뢰한 사람으로부터 수수료를 받기 때문에 별도의 약정이 없는 한 '전 임차인은 중개대상물에 관해 의뢰인이 아니므로' 중개수수료가 발생하지는 않습니다.

Q5 임대인이 임차인 중개수수료까지 부담할 경우 초과수수료가 적용되나요?

A 중개수수료는 쌍방으로부터 각각 받도록 되어 있습니다. 또 한쪽으로부터 받을 수 있는 수수료의 한도는 매매일 경우 1천분의 9(임대차는 1천분의 8) 이내로 정하고 있습니다. 따라서 한도규정 범위 내에서 임대인과 임차인이 협의하여 한쪽 당사자가 중개수수료를 모두 부담할 경우 초과수수료가 발생하지는 않습니다.

빌트인 냉장고 수리비는 누가 내야 하나?

옵션품목으로 빌트인 가전제품이 설치된
주거용 오피스텔에 입주한 오순정씨.

임차 계약 전에는 이상 없어 보였던 빌트인 냉장고가 입주 후 고장이 났다.
수리비를 내달라는 순정씨와 사용상 부주의 때문이니 직접 수리하라는 임대인.

과연 고장 난 냉장고 수리비는 누가 내야 하나?

일반적으로 노후화로 인한 수리나 보일러, 배관, 누수 등 고정시설 수리비는 임대인이 부담하는 게 원칙이다. 반면 소모품 교체, 사용상 부주의로 인한 수리비 등은 임차인이 지불해야 한다.

신규 임차인이 임차 계약을 맺으면서 옵션 품목이 정상적으로 작동하는지 확인했더라도 고장 원인이 기계 결함인지, 임차인의 과실인지 애매한 경우가 많다. 임대인은 임차인의 사용 부주의를 주장할 것이다. 반면 임차인은 자기 실수가 아니니 주인이 수리비를 줘야 한다고 생각하기 십상이다.

이러한 경우 임차인은 일단 서비스센터 직원에게 고장 원인을 확인한 후 그 결과에 따라 누가 부담할 것인지 임대인과 협의하는 편이 좋다. 만일 기계 결함 등의 이유라면 임대인에게 수리비를 요구하라. 하지만 사용상의 부주의라면 임차인이 부담을 해야 한다. 책임 소재가 불명확할 경우 임대인과 협의해서 공동으로 부담하는 방법도 있다.

이러한 수리비 문제로 임대인과 임차인 간에 사소한 시비가 생기는 경우가 많다. 계약 시 특약조건으로 임차기간 중 발생하는 고장 수리비 관련 내용을 넣는 것도 분쟁을 예방하는 방법이 될 수 있다.

아파트 분양가는 어떻게 결정되나?

아파트 미분양의 가장 큰 원인은 바로 분양가다!
시장이 침체일수록 입지보다 더 영향력이 높다.
같은 지역에 분양되는 아파트일지라도

건설사에 따라 분양가는 천차만별이다.

그렇다면 과연 아파트 분양가는 어떻게 결정될까? 건설사 또는 시행사가 아파트 분양가를 매기는 방법에는 크게 세 가지가 있다.

- 첫째, 주변 아파트 시세에 맞춰 분양가를 책정하는 비교사례법이다.
- 둘째, 분양원가를 분석한 뒤 개발이익(마진)을 추가해 분양가를 매기는 원가법이 있다.
- 셋째, 미래수익을 따져 분양가를 책정하는 수익환원법이 있다. 즉, 예상 투자수익률을 근거로 분양가를 책정하는 것이다.

아파트 분양원가의 주요 요소는 땅값(택지비)과 공사비(건축비)가 대표적이다. 이외 영업비용 및 기타 금융비용 등이 있다. 특히 수도권의 경우 땅값이 비싸 원가의 50~60%에 이르는 등 절대적 비중을 차지한다.

위 세 가지 방법 중 건설사들은 보통 원가법을 기본으로 하고 주변 시세(비교사례법)를 감안해 아파트 분양가를 결정한다. 즉, 분양원가를 토대로 이익을 최대로 추구하되 미분양이 생기지 않도록 적정 분양가를 산출하는 것이다. 이를 위해 주변시세는 물론 전셋값, 소비자 선호도, 시장 분위기 등을 수차례 조사해 분양가 책정에 반영하는 것이다.

남보다 싸게 집 사는 법

> 이 가격 이상이면 안 살거니까, 꺼~져!!

> 전 사고 싶은데 주군이 안 된다고…

매도인

106

주군의 아파트 거래법

'매매'는 '연애'와 같다.
적당한 밀당이 연애감정을 불타오르게 하듯,
적절한 치고 빠지기는 매도자를 자극해
거래를 성사시키는 촉매 역할을 한다.

내 집 마련을 계획하는 당신에게
남보다 싸게 집을 사는 비법을 소개한다.

1. **협상에 앞서 철저히 준비해라.**

   '아는 것이 힘이다'라는 진리는 주택 구입에도 적용된다. 최근 실거래가 정보를 입수해 급매물 가격대를 파악해두라.

2. **집을 파는 이유를 파고들어라.**

   매도자가 집을 왜 파는지 파악하라. 약점을 파고들어야 싸게 살 수 있다. 매도자가 급전이 필요한지 혹은 파산한 것인지 또는 전직(轉職) 때문인지 등등 매도자가 처한 상황을 파악하면 협상할 때 우위에 설 수 있다.

3. **협상에 걸림돌이 되는 제3자를 조심하라.**

   매도자나 매수자가 계약하기 전 제3자에게 허락을 받아야 하는 경우가 종종 있다. 배우자일 수도 부모일 수도 있다. 급매물 가격으로 아파트를 사려면 이들 제3자의 승인을 받았는지 확인한 뒤 거래를 진행해야 낭패를 피할 수 있다.

4. **강경파, 온건파로 역할 분담을 하라.**

   예를 들어 남편은 최대한 낮은 가격을 제시하며 그 이상은 절대 사지 않겠다고 강하게 나간다. 반면 아내는 사고 싶지만 남편이 워낙 강경해 매도자의 희망대로 구입하기가 어렵다는 점을 넌지시 강조하라. 또는 반대 역할을 해도 좋다. 이른바 '천사와 악마'의 역할 분담은 매수자 우위 시장에서 확실하게 먹히는 전술이다.

5. **경매전술을 조심하라.**

   집을 팔려는 사람이 주로 이용하는 '경매전술'이 있다. 즉 매수자들이 많다면서 매수자끼리 경쟁심을 부추겨 계약을 매수자에게 재촉하거나 매도가를 높이는 데 써먹는 수법이다. 이때 가장 좋은 방법은 매수자가 종전에 제시한 적정가 이상으로는 절대 사지 않겠다고 매도자와 중개업자에게 선포하는 것이다.

15 매매계약 후 하자
누구 책임인가?

두 달 전 아파트 매매계약을 마치고 입주한 공여사.

내 집 마련 생각에 들떠 있던 공여사에게 근심이 생겼다.

계약 전에 매도인과 집을 둘러볼 때까지만 해도 문제가 없었던 발코니에

비가 오고 나서 누수가 생긴 것!

공여사는 아래층 거주자로부터 전에도 누수가 있었다는 얘기를 듣고 황당해졌다.

보수하고 매매했으니 책임이 없다는 매도인과 보수를 해달라는 공여사.

과연 공여사는 매도인에게 수리비를 받을 수 있을까?

이 사례에서 공여사는 우선 누수의 원인이 무엇인지 누수 전문업체로부터 정확한 진단을 받아야 한다. 진단 결과 매입한 아파트 내부 문제라면 매도인에게 하자보수요청을 하면 된다. 매매 계약 시 특별히 명시하지 않아도 된다. 민법 제580조에 따라 매도인이 하자담보책임을 져야 한다는 것이다.

매도인의 하자담보책임이란 매매계약이 완료돼 매수인에게 소유권이 이전돼도 아파트에 하자가 발생한 경우 매도인이 지는 책임을 말한다. 즉, 하자를 발견한 날로부터 6개월 내에는 매도인이 보수해줘야 한다. 또한 만일 매도인의 악의에 의하거나 매수인이 별도의 과실 없이 거주 중에 발견한 하자는 1년 내에 보수해줘야 한다.

그러나 외벽균열 등 공용부분 하자로 인한 경우라면 관리사무소에 하자보수를 요청해야 한다. 입주한 아파트가 지은 지 10년 이내라면 건설사 또는 보증보험회사에 하자보수를 요청할 수 있다. 이 경우 현재 피해상태와 하자에 대한 사진이나 동영상, 전문업체의 진단결과와 공사 견적비 등 증빙서류를 준비해 하자보수를 요청하는 내용증명서를 보내면 된다.

아파트 내부 문제로 인한 경우도 같은 방법으로 진행하면 된다. 하자에 대해 매도인이 책임지고 수리하지 않는 경우 매수인은 손해배상청구 소송으로 대응할 수 있다.

16

하우스푸어 렌트푸어

깡통주택 반전세를 들어보셨나요?

최근 집값 하락, 전셋값 상승 흐름이 지속되면서 이와 관련된 부동산 신조어들
이 속속 생겨나고 있다. 언론에 자주 등장하는 부동산 신조어들을 정리해봤다.

● 하우스푸어

하우스(House)와 푸어(Poor)의 합성어로 은행에서 무리하게 대출을 받아 집을
마련했지만 원리금 상환 부담으로 인해 어려움을 겪는 사람들을 말한다.

● 렌트푸어

전세금을 마련하느라 혹은 전세자금 대출로 받은 이자와 원금을 상환하느
라 소득의 대부분을 지출해 저축 여력도 없고, 여유 없이 사는 사람들을 일
컫는 말이다.

● 깡통주택

집을 팔아도 대출금이나 전세금을 다 상환하지 못하는 주택을 의미한다.
이때 주택담보대출금과 전세보증금을 합친 금액이 주택 현재 매매가격의
80%를 넘으면 깡통주택으로 분류한다.

● 반전세

전세보증금 외에 월세를 추가로 내는 임대차계약을 말한다. 최근 부동산시
장 침체와 저금리 상황이 지속되면서 임대인들이 전셋값 상승분을 월세로
전환하는 반전세가 늘어나고 있다.

17 투자에 성공하려면
중개업소와 친구돼라

나만의 성공투자 파트너!!!!

남보다 싼 급매물을 사서 내 집 마련을 하려는 나급해씨. 하지만 막상 어떻게 해야 남보다 빨리 급매물정보를 얻을 수 있는지 몰라 난감하다. 시장에서 급매물은 속속 사라진다고 하는데 말이다. 부동산 투자에 성공하려면 반드시 친구가 돼야 할 대상이 있다. 바로 부동산 중개업소, 즉 정확히는 중개업소 사장님이다. 분양받지 않는 한, 아파트든 땅이든 상가든 중개업소를 통해 물건을 사고팔아야 하기 때문이다.

직거래가 있다고? 부동산 어플이 뜬다고…? 하지만 만일 당신이 중개수수료 몇 푼을 아까워하는 사람이라면 부동산 투자를 하면 안 된다.

그러면 어떻게 친구가 될 중개업소를 찾을까? 가장 좋은 방법은 매입할 지역에서 중개업소를 잘 아는 사람한테 소개받는 것이다. 하지만 아는 사람이 없다면? 발로 뛰는 수밖에 없다.

현장 방문을 통해 부동산을 사려는 동네에서 최소한 3년 이상 영업한 중개업소 3곳 정도를 확보한 다음, 원하는 매물을 찾아달라고 동시에 의뢰해보라. 그리고 일주일에 한번씩 급매물 확보 진척 상황을 묻는 전화를 해보라. 그러면 '촉'이 올 것이다. 최근 실제 거래된 가격을 훤히 꿰뚫고 있어 매입가능한 적정가를 알고 있는 사장님, 전화하지 않아도 수시로 전화를 걸어 진척 상황을 알려주는 사장님이 있을 것이다. 이런 사장님이 바로 친구가 돼야 할 대상이다.

이제 어떻게 중개업소 사장님과 친구가 될까?

중개업소가 원하는 손님은 바로 진성(眞性)고객이다. 뜨내기 손님이 아니다. 따라서 당신이 이미 매입할 수 있는 현금을 보유하고 있어 급매물만 있으면 언제든지 계약할 사람이라는 것을 부각시키면 된다. 그리고 자주 전화해서 꼭 사겠다는 의지를 밝히고 급매물이 나오기 전이라도 찾아가는 것이 좋다. 그러면 당신은 진성고객에서 우량고객이 될 것이다.

우량고객이 되면 남보다 빨리 중개업소 사장님으로부터 급매물 정보를 얻을 수 있다. 우량고객에게 가장 빨리 투자 정보를 알려주는 건 인지상정(人之常情)이다. 우량고객으로 친구가 된 중개업소를 통해 매매계약을 했다면 당신은 중개업소 사장님의 단골고객이 될 가능성이 높다. 그리고 단골고객이 되면 가만히 있어도 투자할 가치가 있는 따끈따끈한 급매물 정보를 얻을 수 있다.

양도세 줄여주는 필요경비의 모든 것

집을 팔 때는 양도소득세를 내야 한다.
물론 매도하는 주택이 양도세 비과세 대상이거나
양도차익이 없다면 양도세를 내지 않는다.

양도차익이 발생해 양도세를 낼 때 양도세를 조금이라도 줄이려면
필요경비를 꼼꼼히 챙겨야 한다.
그렇다면 무엇이 필요경비로 인정받을까?

필요경비 1: 취득가액

양도자산을 취득할 때 실제로 쓴 비용이다. 검인계약서상의 실거래가(취득금액)는 물론 세금 등 취득 부대비용이 포함된다. 취득세 농어촌특별세 등 세금과 중개업소 수수료, 법무사 수수료 등이 대표적이다. 대출이자는 물론 분양받은 아파트의 중도금 대출 이자, 재산세, 종합부동산세 등 보유세도 필요경비로 인정받지 못한다.

필요경비 2: 자본적 지출액

쉽게 말해 수선비다. 양도자산의 내용 연수를 연장시키거나 양도자산의 가치를 현저하게 증가시키기 위한 것이어야 한다. 발코니 확장 비용, 섀시 설치비용, 방 확장, 난방을 위한 보일러 교체 비용, 바닥공사 비용 등이 대표적이다. 화장실 수리, 주방기구 교체와 도배, 장판, 문짝 교체, 도색 등은 본래의 기능을 유지하게 하는 수익적 지출이기 때문에 필요경비로 인정되지 않는다. 수리비는 대부분 필요경비로 인정받지 못한다.

필요경비 3: 양도비용

양도자산을 양도하기 위해 직접 지출한 비용이다. 중개업소 수수료, 법무사 수수료, 인지대, 광고료 등이 있다. 이밖에 양도자산의 이용편의를 위한 시설에 소요된 비용인 설비비나 양도자산의 가치를 증가시키기 위해 지출한 비용인 개량비도 필요경비로 인정받을 수 있다. 개발부담금, 재건축부담금, 부동산 컨설팅 비용 등이 대표적이다. 필요경비에 대한 입증은 당연히 양도인이 해야 한다. 계산서, 영수증, 무통장 입금증 등을 꼼꼼히 챙겨둬야 한다.

오윤섭의
부자노트

타이밍을 잡는 데 있어
저지르지 말아야 할 실수 다섯 가지

사업을 할 때 이것도 하고 저것도 하고, 경영자가 하고 싶은 비즈니스를 모두 해서는 결코 성공할 수가 없다. 경쟁사 동향 및 시장 예측, 그리고 가장 중요한 인재 등을 고려해 지속적으로 경쟁우위를 유지할 수 있는 핵심사업에 집중해야만 성공할수 있다.

부동산 투자도 마찬가지이다. 투자에 성공하기 위한 방법은 무수히 많다. 하지만 성공을 하기 위해선 하지 말아야 할 실수를 하지 않는 것이 매우 중요하다.

투자 실수 자체가 인간의 태생적인 한계로 불가피하겠지만, 부동산 투자자가 절대로 저지르지 말아야 할 실수 다섯 가지가 있다.

하나 여론에 따라 투자 여부를 결정한다

여론에 따라 부동산 투자를 해서는 성공할 수가 없다. 경제 분야의 여론은 언론 보도나 국책기관 또는 민간 연구소 연구원의 리포트 및 공무원의 말에 따라 좌지우지되는 경우가 많다.

전문가들이 부동산 시장을 예측하면서 버블 붕괴 등을 설파하며 여론을 한 방향으로 몰고 가는 경우가 대표적이다. 결론적으로 전문가들이 지금까지 미래경제를 제대로 예측한 경우를 한 번도 보지 못했으며 이는 앞으로도 계속 그럴 것이다.

오지도 않은 미래(경제)를 예측할 수 있는 능력을 갖췄다면 경제전문가라는 사람들이 월급을 받으며 지금도 일할 필요는 없을 것이다.

여론에 휘둘리지 않고 시장 상황의 좋고 나쁨에 현혹되지 않고 투자자가 독야청청(獨也靑靑) 일관성을 유지하는 것은 현실적으로 힘들다. 하지만 시장 상황을 꿰뚫어 보고 진실이 무엇인지를 찾아내는 사람만이 엄청난 투자 수익을 올릴 수 있다. 투자대상의 펀더멘털에 근본적인 변화가 없는 한 때(3년 이상 기다리며 내재가치가 가격으로 현실화되는 시점)를 기다려야 할 것이다.

🔵 과거 통계 수치에 따라 투자한다

대표적인 것이 버블 논쟁일 것이다. 오지도 않은 버블이 이미 왔거나 오기 직전이라면서 일본의 사례와 각종 과거 통계 수치를 들이대며 전문가들은 설득력 있게 호소했다.

특히 강남권 아파트값이 과거 3년 또는 5년 전보다 최고 몇 %가 올랐다거나 소득 대비 또는 물가상승률 또는 경제성장률 대비 올라도 너무 올랐다며 과거 통계 수치를 볼 때 적정가를 크게 벗어나 버블이 발생하고 있다고 주장한다.

하지만 이같은 과거 통계 수치에 지나치게 매달리다 보면 특별히 문제될 게 없는 것에 너무 집착하고 정작 중요한 것에 주의를 집중하지 못하는 실수를 저지르게 된다.

이에 따라 이미 많이 오른 아파트는 더 이상 오르지 않을 것이며 오르지 않은 아파트는 앞으로 상승할 것이라는 잘못된 믿음을 갖게 돼 결과적으로 투자 손실을 입게 될 수 있다. 지난 몇 년간 몇 % 올랐거나 몇 % 내렸다는 사실이 미래의 아파트값에는 거의 영향을 미치지 않는다는 것을 명심해야 한다. 오로지 내재가치 등락에 따라 가격은 오를 수도 내릴 수도 있는 것이다.

♟ 바닥에 매입할 때까지 기다린다

버블과 마찬가지로 최저가 즉 바닥시세라는 사실을 알려면 일단 바닥을 쳐야 한다. 즉 가격이 다시 오름세를 타야만 바닥을 쳤다는 것을 알 수 있다. 이 때문에 무릎에 사라는 말이 나온 것이다.

미국의 주식 가치투자자인 피터 린치는 그의 저서 《ONE UP ON WALL STREET》에서 이를 두고 "주가가 하락하고 있는 종목을 최저가로 잡으려 하는 것은 마치 수직 낙하하는 칼을 잡으려는 것과 같다. 그 칼이 땅에 닿아 꽂혀서 잠시 흔들리다가 고정될 때까지 잡지 말고 기다리는 것이 좋다. 급속하게 떨어지는 주식을 잡으려 함은 필연적으로 칼날 쪽을 잡게 되므로 크나큰 고통만을 가져다줄 뿐이다."이라고 했다.

시장 상황에 따른 시세 변동을 기준으로 부동산을 매입하기보다는 하락세를 멈추고 오름세로 돌아설 수 있는 펀더멘털(내재가치)을 갖추고 있는 부동산인지를 따져보고 투자하는 것이 바람직한 가치투자자의 자세라고 생각한다.

♟ 이미 오를 만큼 올라 더 이상 오르지 않는다

아마 보통 사람이 투자할 때 가장 많이 저지르는 실수일 것이다. 5년 전보다 세 배가 오르고 다른 지역보다 두 배 이상 가격이 비싸므로 이미 오를 만큼 올랐다고 생각하는 것이 일반적이다. 하지만 위 두 번째 실수 사례에서 언급했듯이 부동산 가격은 과거 및 현재의 가격이 미래의 가격에 거의 영향을 미치지 않는다.

주식이든 부동산이든 현재가치보다 미래가치(내재가치)가 더 높다면 가격은 현재보다도 향후 3년간 두 배나 세 배 더 오를 수도 있다. 물론 내릴 수도 있다.

미래의 부동산 가격은 과거 상승폭이나 상승률이 아닌, 미래가치에 따라 수익성과 성장성이 높다면 현재보다 더 오를 것이다. 가격은 시간과 인내를 필요하지만 결국 가치를 반영하게 된다.

🏃 투자 기회를 놓친 데 따른 손실은 만회할 수 있다

'3년 전에 그 아파트를 샀으면 지금 2억 원은 벌었을 텐데….' 우리 주위에서 흔하게 듣는 말이다. 하지 않은 투자에 대해 이 아파트를 산 사람과 비교해 투자 손실로 간주하는 것은 투자자로서 매우 비생산적인 자세이다. 이같은 자세로는 투자에 성공할 가능성이 매우 낮다. 아니 실패할 가능성이 높다.

실제로 투자로 인한 손실을 입은 것이 아님에도 손실을 본 것처럼 과거에 집착한다면 향후 저지르기 힘들뿐더러 저지르더라도 자제심을 잃고 감정에 치우쳐 사서는 안 될 부동산을 서둘러 사게 된다.

즉, 사려고 했던 부동산이 너무 올라 차선책으로 제2의 부동산을 매입했으나 상승폭이 미미하거나 오히려 가격이 내려 결과적으로 기회를 놓친 데 따른 가상의 손실이 실제 손실로 이어지게 되는 것이다.

투자하지 않음으로써 손실을 입었다고 과거에 집착하기보다는 투자대상에 대해 선택과 집중으로 내재가치를 분석하는 것이 투자 성공으로 가는 길이다.

묵시적 갱신을 아시나요?

렌트 워즈(Rent Wars) : 임차인의 역습

임차인 나솔로씨는 전세계약 만료 20일을 앞두고
임대인으로부터 전세금 5천만 원을 올려주든지 아니면
집을 비워달라고 요구받았다.
별다른 통보가 없어 전세계약이 자동연장된 것으로 알고 있던 나씨.

나씨는 계약연장을 주장할 수 있을까?

임대인은 전세계약 만료 6개월 전부터 1개월 전까지 기존 계약을 연장할 것인지, 재계약을 할 것인지 의사를 밝혀야 한다. 1개월 전까지 의사를 밝히지 않았다면 기존 계약이 자동연장된 것으로 간주된다. 이것을 '묵시적 갱신'이라 한다. 따라서 임대인의 통보 시점이 계약 만료 1개월 미만이기 때문에 임대인은 기존 계약의 변경(재계약)을 요구할 수 없다.

임차인은 묵시적 갱신 후에도 언제든지 계약해지를 요청할 수 있다. 반면 임대인은 해지할 권리가 없다. 묵시적 갱신을 재계약과 혼동하는 경우가 있는데 묵시적 갱신은 기존 계약의 '자동연장'이므로 임차인은 언제든지 계약을 해지할 수 있다. 그러나 '재계약'은 새로운 계약이므로, 임대인 임차인 모두 계약조건을 따라야 한다.

묵시적 갱신 또는 재계약에 관해 꼭 알아야 할 사항을 정리해보자.

❶ 묵시적 갱신 시점은 전세계약 만기일 전 1개월이다.
❷ 묵시적 갱신이 되면 2년간 계약이 기존과 동일한 조건으로 유지된다.
❸ 묵시적 갱신을 하지 않으려면 임차인은 계약만료 1개월 전까지 해지통지를 해야 한다. 반면 임대인은 6개월 전부터 1개월 전까지 할 수 있다.
❹ 묵시적 갱신의 경우 임차인만 해지를 요구할 수 있다. 단 해지 통보 후 3개월이 지나야 효력이 발생한다.
❺ 묵시적 갱신과 재계약 차이는 임차인 계약 해지권에 있다. 즉 묵시적 갱신 기간 중 임차인은 언제든지 해지를 요구할 수 있으나, 재계약은 요구할 수 없다.

부동산 계약서 잘 쓰는 노하우

부동산 매매계약서를 작성할 때
거래 단위(금액)가 그 어느 것보다 중요하다.
따라서 매매계약서를 작성할 때는 사소한 실수로
손해를 입지 않도록 조심해야 한다.

계약하기 전 부동산 계약서를 잘 쓰는 방법을 숙지하자.

1. 계약서는 실소유권자와 작성한다

가짜 소유주와의 매매계약으로 사기를 당하지 않도록 본인이 소유주라면 주민등록증을 확인하고 등기부등본상 소유권자와 대조한다. 대리인과 계약서를 쓴다면 소유권자의 인감증명서와 위임장을 첨부하고 대리인의 신분증을 확인한다.

2. 등기부등본을 열람해 이상이 없는지 점검한다

등기부등본(등기사항전부증명서)은 당일에 발급받은 것인지 확인한다. 계약금, 중도금, 잔금 등 돈이 오갈 때마다 등기부등본을 확인, 소유권 변동사항을 체크하면 확실하다.

3. 집의 대출금 상태를 파악하라

계약 시 매입할 집의 대출금을 살펴보라. 기존 대출을 안고 사는 것과 새로 대출받는 것 중 어느 편이 유리한지 판단해야 한다. 매도자의 대출을 안고 사는 경우 대출조건은 승계되나 대출한도는 승계되지 않기 때문이다. 즉, 과거 60%까지 대출이 가능했을 때 대출받은 매도자의 대출을 그대로 안고 계약하면 은행으로부터 줄어든 대출한도 만큼 상환하라는 요구를 받을 수 있다.

4. 특약사항을 잘 이용하라

계약과 관련해 중요한 사항은 특약사항으로 빠짐없이 기재한다. 저당채권을 승계할지 말소할지, 하자 발생을 어떻게 할 것인지 등등 특약사항만 잘 작성해도 분쟁소지를 줄이고 손해 보지 않을 수 있다.

5. 부동산 표시란은 가능한 한 자세히 쓴다

계약서에서 부동산 표시란은 매매 주택의 등기부등본이나 토지대장, 건축물대장에 있는 내용을 자세히 작성한다. 공간이 협소할 경우 [뒷면참조] [별지참조] 등으로 표시하고 뒷면이나 별지에 기재해 첨부한다.

6. 계약해지와 관련된 위약금을 알아두라

계약해지 시 위약금을 체크하라. 현재 법규상 매도자는 계약금의 2배를, 매수자는 계약금을 포기하면 해약할 수 있다. 집값이 오를 경우 계약금의 2배를 물더라도 계약을 해지하겠다는 매도자가 있어 난처한 상황에 처할 수도 있다. 이를 막으려면 계약 시 특약사항으로 위약금을 무겁게 설정해 놓으면 된다.

21 아파트 관리주체의 동의를 받아야 하는 사항

에어컨 실외기를 외벽에 설치하려는 입주자에게
관리사무소 직원이 와서 말합니다.

"동의 먼저 받으셔야 합니다."

아파트 관리주체의 동의를 받아야 하는 사항

한 건물에 여러 가구가 거주하다 보면 소음 이외에도 다양한 피해를 주고받는 경우가 많은데 원활한 공동생활을 위해 각 아파트에서는 공동주택의 관리 또는 사용에 관한 "공동주택관리규약"을 별도로 정하고 있다.

공동주택관리규약에서 정한 관리주체의 동의가 필요한 행위에는 어떤 것들이 있는지 살펴보자.

1. **아파트 내부의 구조물과 설비를 증설하거나 제거하는 행위**

   계단이나 통로 등 공용 공간에 물건을 쌓아두거나 이로 인해 통행, 피난, 소방을 방해하는 행위는 동의를 받아야 한다.

2. **아파트에 광고물 또는 표지를 부착하는 행위**

   아파트 안에 광고물을 부착하는 사항에 관해서는 미리 관리사무소에 동의를 구해야 하며 지정된 장소 외에 붙이거나 미관을 해치는 행위는 피한다.

3. **가축을 기르거나 방송시설 등을 사용함으로써 피해를 주는 행위**

   동의 기준은 아파트마다 자율적으로 정할 수 있으며 가축 중 장애인 보조견은 제외한다.

4. **아파트 발코니 난간 또는 외벽에 돌출물을 설치하는 행위**

   돌출물의 낙하로 안전사고가 우려되는 경우에는 안전사고 책임에 대한 서약서를 관리사무소에 제출해야 한다.

이밖에도 전기실, 기계실 등 통제구역에 출입하려면 관리자가 동행해야 하며 전용부분을 놀이방, 공부방 등으로 사용하려면 해당 동 또는 해당 층 입주자 등의 과반수 서면동의를 얻어야 한다는 점을 알아두자!

반전세 계약 시
적정 월세 계산하는 법

집주인이 반전세로 돌린다는데 월세가 적정한지 모르겠어요!

뭘 고민하나? 월세전환율을 확인해보게

계속되는 전세난으로 최근 반전세 주택이 늘어나고 있다.
'반전세'란 전세보증금 외에 월세를 추가로 내는 것인데
주택시장 침체와 저금리 상황이 지속되면서
임대인들이 전세값 상승분을 월세로 전환하면서 생겨났다.

그렇다면 반전세 계약 시 적정 월세금액은 얼마일까?

반전세 계약 시 적정한 월세 비용을 판단하기 위해서는 월세전환율(전세 또는 보증금을 월세로 전환할 때 적용하는 비율, 월세이율)을 알아야 한다.

월세전환율이 높을수록 임대인에게 유리하고, 임차인에게는 불리하다. 월세전환율은 지역에 따라, 주택 형태 및 크기에 따라 달라진다. 거주 지역에서 통용되는 월세전환율 시세를 부동산 중개업소 등을 통해 파악해야 한다.

> • 월세전환율 = 월세값×12/전월세 보증금 차액×100 •
> • 연 월세전환율(%) = 월세전환율×12 •

현재 주택임대차보호법상 연 월세전환율 상한선은 10%로, 지난해보다 4%가 줄었다. 이때 상한선은 한국은행 공시 기준금리(현재 2.5%)의 4배로 적용된다(제9조 월차임전환 시 산정율 참고). 금리가 낮아지면 전환율도 낮아지지만, 금리가 올라도 10%를 넘지는 못한다.

최근 월세전환율은 한국감정원(http://www.r-one.co.kr/rone/) 또는 서울시 홈페이지(http://www.seoul.go.kr/main/index.html)내 분야별 정보에서 확인 가능하다.

23 땅의 얼굴 용도지역을 아시나요?

미스 리얼티 코리아

규제 적은 용도지역은 어디?

토지

용도변경

용도변경

사람 얼굴이 모두 다르듯이 '땅의 얼굴'도 모두 다르다. 땅도 얼굴 수준(?)에 따라 땅값 차이가 천차만별이다. 당연히 잘 생긴 땅(규제가 적은 용도지역)의 가격이 더 비싸다. 그리고 땅의 얼굴을 정확히 보기 위해선 가장 먼저 땅의 용도지역을 알아야 한다.

'용도지역' 이란 정부가 전국 토지를 경제적 · 효율적으로 이용하고 공공복리를 증진하기 위해 법으로 용도지역별 건축물의 종류, 층수, 용적률, 건폐율 등을 제한하는 것이다.

용도지역은 도시지역, 관리지역, 농림지역, 자연환경보존지역으로 크게 나눈다. 용도지역은 중복지정을 하지 않는다. 용도지역이 지정되지 않을 때는 자연환경보전지역의 규정을 적용한다. 또 도시지역이 세분화돼 있지 않을 경우에는 보전녹지 규정을, 관리지역은 보전관리를 적용한다.

한 필지에 용도지역이 두 가지 이상일 경우에는 각각의 용도지역별 규정을 적용받는 게 원칙이다. 다만 하나의 용도지역 규모가 330㎡ 이하인 경우 가장 넓은 면적의 용도지역을 적용한다.
용도지역별 층수 제한은 도시지역의 1종 일반주거지역은 4층 이하, 2종 일반주거지역은 15층 이하, 도시지역의 녹지지역과 관리지역은 4층 이하다.

토지 투자자가 눈여겨볼 것이 바로 관리지역이다. 관리지역 중 용도지역 변경을 노리고 자연녹지지역에 투자하는 사람이 많다. 자연녹지지역은 도시지역과 연접해 지정하기 때문에 향후 시가지로 편입될 가능성이 높다. 고속도로나 철도 신설 등 호재가 있을 경우 자연녹지에 5년 이상 장기 투자할 가치가 있다.

그러나 용도지역 변경을 노린 재테크가 쉽지는 않다. 용도지역은 도시기본계획에 따라 20년마다 수립, 5년마다 변경될 수 있다. 하지만 인구 증가 등 명확한 이유가 있을 때만 변경된다는 점도 알아두자.

우선변제만 알아도
보증금 지킨다

깡통전세가 난무하는 전세시장에서
내 전세보증금을 안전하게 지키면서 살 수 있는 방법이 없을까?

**우선변제만 알아도
내 전세보증금을 지킬 수 있다는 사실!**

〈임대차 계약 상황에 따른 조치〉

계약상황	대항력	우선 변제권	계약 상황에 따른 조치
입주 · 주민등록>선순위채권	○		계약만기까지 거주 후 낙찰자에게 보증금 전액 반환을 요구할 수 있음
입주 · 주민등록, 확정일자> 선순위채권	○	○	낙찰자에게 보증금 반환요구 또는 경매대금에서 배당받는 것 중 택일
입주 · 주민등록>선순위채권> 확정일자>	○	○	낙찰자에게 보증금 반환요구 또는 경매대금에서 배당받는 것 중 택일
입주>선순위채권>주민등록			낙찰자, 배당 모두 보증금을 받을 수 없음
입주>선순위채권>주민등록> 확정일자		○	확정일 기준으로 다른 저당권과 순서에 따라 배당
입주 · 확정일자>선순위채권> 주민등록		○	주민등록 다음날을 기준으로 순서에 따라 배당
주민등록>선순위채권>입주			낙찰자에 대한 대항력 없음. 확정일자를 서둘러 받아 법원에 배당요구
주민등록>선순위채권>입주> 확정일자		○	확정일자 기준으로 배당
선순위채권>입주 · 주민등록			배당받을 수 없음
선순위채권>입주 · 주민등록> 확정일자		○	확정일자 순서에 따라 배당

우선변제란 다른 채권자에 앞서 전세보증금을 우선적으로 받는 것을 말한다. 즉, 배당받을 때 다른 채권자보다 우선해서 배당받기 위해 중요하다.

우선변제 요건을 갖추기 위해서는 '대항력'을 갖추고 '확정일자'를 받아 두면 된다. 대항력은 '입주 + 주민등록'을 마치면 된다.

예) 2014년 1월 10일 입주해서 1월 11일 전입신고(주민등록)를 마치고 1월 17일 확정일자를 받았다면 대항력은 2014년 1월 12일 0시부터 발생되며 우선변제권의 효력은 1월 17일 낮부터 발생한다.

무보증 깔세 계약할 때 주의할 점

보증금? No No 나는야 깔세 세입자

깔세 계약도
임대차보호대상!
전입신고는 필수!
시설물 및 추가부담금은
반드시 확인!
계약기간은 반드시 지켜라!

오피스텔, 도시형 생활주택 원룸을 중심으로 깔세가 늘어나고 있다. **깔세는 무보증 선납월세라고 한다.** 보증금은 없지만 월세를 선납하는 것이다. 통상 1개월치 월세를 선납하는 것 외에 집주인들은 예치금이라고 해서 1개월치를 추가로 요구한다.

보증금이 없는 만큼 세입자 입장에서 부담이 적은 게 사실이지만 단기계약의 경우 주택임대차보호법에 따라 보호를 받지 못할 수도 있다. 따라서 깔세 계약을 할 때는 더 주의를 기울일 필요가 있다. 임대차계약서 작성 시에는 특약사항에 예치금, 관리비, 청소비 등을 꼼꼼히 작성하자!

1. **깔세는 주택임대차보호법에 따라 보호받을 수 없다?**

   주택임대차보호법 11조에는 "이 법은 일시 사용하기 위한 임대차임이 명백할 경우에는 적용하지 아니한다"고 명시돼 있다. 여기서 일시 사용은 임대차 기간이 단기라는 의미가 아니다. 임차물 종류, 임대차 목적, 임대차 기간 등을 고려해 판단한다. 일시사용 임대차가 명백하지 않을 경우 6개월 미만 단기라도 임대차보호법에 따라 보호받을 수도 있다. 따라서 최소한 전입신고를 해둬야 임대차 기간, 월세 인상 한도, 묵시적 갱신 등에서 보호받을 수 있다.

2. **시설물을 꼼꼼히 점검하라**

   보일러, 싱크대, 화장실, 조명기구 등 시설물이 제대로 작동하는지 계약 전에 꼼꼼히 점검해야 한다. 잘못하면 파손 책임을 물어 예치금을 떼일 수 있다.

3. **월세 외 추가 부담은 없는가?**

   월세 외에 추가 부담이 없는지, 관리비와 청소비가 별도로 청구되는지를 사전에 파악해야 분쟁을 피할 수 있다.

4. **계약기간을 지켜야 한다**

   계약은 어디까지나 계약이다. 계약기간이 남은 상태에서 나와도 선납한 월세를 돌려받지 못한다. 또 집주인은 계약만료 전 예치금을 돌려줄 의무가 없다.

5. **중개수수료는 동일하다**

   깔세에 대해 별도 중개수수요율이 정해진 것이 없으므로 세입자는 일반 중개수수료를 부담해야 한다. 다만 계약기간이 짧은 만큼 중개사와 협의해 감액할 수 있다. 주택 월세 수수료는 거래가액[보증금+(월세×100)]이 5,000만 원 이하일 경우 보증금+(월세×70)에 0.5%를 곱하면 된다. 예를 들어 월세 45만 원에 3개월 깔세 계약을 했다면 45만 원×70인 3,150만 원의 0.5%, 즉 15만 7,500원을 중개수수료로 지불해야 한다.

주택 인테리어
부실공사 막는 법

도대체 왜 전화를 안 받는 거예요!!

○ㅁ인테리어

부실공사 피해자 A씨

인테리어 업자 B

주택 인테리어 부실공사는 사전에 주의사항을 꼼꼼히 체크해 미리 방지하는 게 최선이다. 대부분 시공업자가 영세해 A/S나 피해보상을 받기가 어렵기 때문이다. 특히 소비자가 하자보수를 요청해도 시공업자가 연락을 피하거나 재시공을 미뤄 보상을 받지 못하는 경우가 많다.

소비자분쟁해결기준에 따르면 시공 후 하자가 발생한 경우 시공업자는 하자담보책임기간 이내에는 무상으로 수리해줘야 한다. 또 규격미달인 자재를 사용한 경우에도 시공업자의 책임으로 교체 시공하거나 시공비 차액을 환급해줘야 한다. 건설산업기본법에 따르면 실내의장, 미장 타일, 창호설치, 도장의 하자담보책임 기간은 1년이고 방수, 지붕은 3년이다.

특히 1,500만 원 미만의 인테리어 공사는 건설업 등록을 하지 않은 사업자도 시공할 수 있어 더 잘 살펴야 한다. 인테리어 부실공사 10건 중 7건은 1,500만 원 미만이니 각별히 주의해야 한다.

인테리어 · 설비 공사를 의뢰할 때 건축자재, 마감재를 상세히 명시한 공사 계약서를 반드시 작성하자. 또 1,500만 원 이상 공사는 시공업자가 해당분야 건설업에 등록돼 있는지 건설산업정보센터(www.kiscon.net)를 통해 확인하는 게 좋다.

싼 게 비지떡이다. 지나치게 저렴한 공사비를 제시하는 시공업자보다는 지인에게 추천을 받거나 가깝고 평판이 좋은 업자를 선택하라. 그리고 공사 중에는 가급적 현장을 비우지 않는 것이 좋다. 최악의 경우 하자보수에 소요되는 비용을 계산해 시공업자에게 손해배상을 요구하는 소송을 해야 할 수도 있다.

월세 계약 시 체크리스트

전세시대가 저물고 이제 월세시대가 왔다.

월세는 보증부 월세와 보증부 월세에다 오른 전셋값만큼
월세로 내는 반전세가 대부분이다.

월세는 계약 만기 전 이사 가는 경우가 많으니 월세가 잘 나가는, 수리가 잘 되고 저당금액이 적은 집을 얻는 게 좋다.

임대인 본인인가?

임대인이 해당 주택의 소유자인지를 확인하는 게 중요하다. 가급적 임대인 본인과 계약하는 게 좋다. 대리인과 계약을 할 경우 임대인 본인과 통화해 위임 사실을 확인하고 위임장과 인감증명서를 받는다. 그리고 보증금과 월세는 임대인 통장에 입금하는 게 좋다.

최우선 변제가 가능한가?

월세는 전세보다 임대보증금이 적기 때문에 최우선 변제가 가능한지 확인하는 게 중요하다.

서울의 경우 보증금이 7천5백만 원 이하이면 2천5백만 원까지 보호받을 수 있다. 따라서 최우선 변제 대상이면 근저당이 있어도 상관없다. 최우선 변제 대상이 아니라면 등기부에 등재된 저당금액이 집값의 30% 이하이어야 안전하다.

특약사항을 꼼꼼히 기재하라

먼저 집의 수리상태를 체크한다. 수돗물은 잘 나오는지, 누수는 없는지, 난방은 잘되는지 등을 말이다.

계약서 특약사항은 자세히 기재해야 한다

수리해주는 조건, 현재의 집 상태, 채권채무관계 등 협의한 내용을 꼼꼼히 적는다. 차임란에 월세를 적고 월세 납입일, 선불인지 후불인지를 명확히 한다.

월세 납입일은 통상 잔금 지급일과 같으며 민법 제633조에 따라 후불로 낸다. 다만 지역에 따라 다르며 임대인과 협의해 조정할 수 있다.

입주일에 확정일자를 받아라

입주일에 잔금을 지불하고 동시에 집 열쇠를 받는다. 이때 수리상태 하자 여부 등 집 상태를 다시 한 번 확인한다. 이상이 있다면 집주인에게 즉시 알린다. 또 등기부 등본을 떼어 채권채무 관계를 한 번 더 확인한다.

입주일에 동사무소에 가서 전입신고를 하고 확정일자를 받는다. 주소전입, 확정일자, 실거주 3대 요건을 갖추면 경매 시 배당절차에 참가해 임대차 보호법에 정한 선순위 채권(우선변제권)을 확보할 수 있다.

오윤섭의
부자노트

진짜 사야 할 타이밍은
분명 따로 있다

부동산 가치투자를 하는 투자자에게 진짜 사야 할 타이밍은 언제일까? 이에 앞서 보통 사람은 어떻게 부동산 매입 타이밍을 잡고 있는지 한번 살펴보자.

부동산 규제정책이 나오고 시행되고, 금리가 인상되고, 소비회복은 더디고 경기는 다시 침체될 것이라는 분석들이 쏟아지면 보통 사람들은 매입 타이밍을 늦춘다. 즉 시장 상황에 따라 매입 타이밍을 결정하는 것이다. 그리고 이런 나쁜 상황이 개선되는 징후가 보인다면 매입 타이밍을 잡겠다고 생각한다. 이 때문에 결과적으로 다른 사람이 살 때 따라서 살 수밖에 없는 것이다. 따라서 투자수익률도 낮아질 수밖에 없다.

이처럼 투자자들이 매입 타이밍을 잡을 때 부동산시장 상황이 좋고 나쁨에 의존해서 매입 타이밍을 잡아서는 안 된다. 투자의 성공 가능성보다는 오히려 실패 가능성이 높기 때문이다. 이와 관련, 경제예측에 중점을 둔 부동산시장에 대한 경제전문가들의 접근 방식은 항상 이렇다.

── "유가는 오르고 미국의 금리 인상이 계속되고 있는 상황에서 전 세계적으로 부동산 버블 위험이 높아지고 각국 중앙은행들이 인플레와 싸우면서 금리 인상 조치를 취하며 글로벌

유동성이 줄어들고 있다.

우리나라도 환율은 하락하고 수출은 위축되고 있다. 북핵 문제도 위협적이다. 금리 인상이 글로벌 추세에 맞춰 향후 선제적으로 금리 인상이 이뤄질 것이다. 따라서 가계 소비는 위축되고 주택담보대출 금리까지 올라 서민들의 고통은 커질 것이다. 경기는 회복되는가 싶더니 다시 위축되고 있다.

이런 가운데 종합부동산세와 양도세 부담은 커지고 정부의 투기억제정책 의지는 확고해 앞으로 주택시장은 침체되고 가격하락이 예상된다. 이렇게 시장 상황이 좋지 않으니 부동산을 매입하는 것은 바람직하지 않다. 시장 상황이 나아질 때까지 매입을 유보해야 한다."

미래의 경기 흐름을 예측하고 투자하는 것이 너무 당연하게 느끼는 것은 지금까지 오랫동안 보통 사람들이 그렇게 해와 기업이나 정부 기관에서 나오는 경제 예측 정보를 지나치게 신뢰했기 때문이다.

경제예측에 대한 집착은 인간이 과거에 일어난 일을 미리 내다보지 못한 사실을 합리화하기 위한(감추기 위한) 방법이라는 피터 린치의 지적은 설득력 있다. 그는 자신의 저서 《ONE UP WALL STREET》에서 이런 인간의 성향을 마야족 신화로 예를 들었다.

"마야족의 신화에서는 우주가 네 번에 걸쳐 붕괴되고 그때마다 마야인들은 다시는 이런 슬픈 일을 당하지 않기 위해서 자구책을 마련하리라 맹세하지만, 그것은 언제나 이미 일어난 일에 대해서였다. 맨 처음에는 홍수가 났으므로 살아남은 사람은 보다 높은 지대의 숲으로 들어가 둑을 쌓고 벽을 올려 그들의 집을 나무에 둘러싸이게 만들었다. 그들의 노력은 허사로 돌아갔는데 왜냐하면 그 다음번엔 세상이 불에 의해 파괴되었기 때문이다.

그 후 화재에서 살아남은 사람들은 숲 속에서 내려와 될 수 있는 한 숲과 나무로부터 멀리 달아났다. 그들은 울퉁불퉁하고 험한 바위의 갈라진 틈 사이에다 돌로 집을 지었으나 머지 않아 세상은 지진으로 망가져 버렸다."

앞으로 다가올 리스크를 대비하기 위해 과거를 돌아보는 데 시간을 허비해봤자 소용이 없다는 것이다. 과거지향적인 사고방식과 행동은 정작 부동산 투자대상에 대해 연구하고 조사, 분석을 소홀히 하게 된다.

투자 손실은 대부분 시장 상황 탓이 아니라 잘못된 부동산 즉 내재가치가 떨어지는 부동산으로 샀을 때 발생한다는 것을 명심해야 한다.

그러면 단기적인 경제 예측에 따라 매입 타이밍을 결정하는 것이 올바른 방법이 아니라면 과연 매입 타이밍은 어떻게 잡아야 하는가? 가치투자에 있어 진짜로 사야 할 매입 타이밍은 두 가지 경우이다.

첫째, 내재가치에 비해 시장 가격이 떨어질 때이다.

먼저 시장 가격이 떨어지기 전 평소에 사야 할 투자대상을 선정해야 한다. 이를 위해 투자대상에 집중하고 생각하고 정보를 수집하고, 조사하고 연구, 분석해야 한다. 시장 가격이 떨어지는 경우는 두 가지이다. 하나는 계절적인 비수기일 때다. 계절적 비수기로는 주택시장은 1년 중 4~5월, 10~11월이 대표적이다. 봄(2~3월), 가을(8~9월) 성수기가 끝나 매물도 많지 않고 매수세도 크게 줄어드는 시기이다. 가격이 떨어지기 보다는 약보합세를 유지하는 경우가 많아 현실적으로 급매물을 노려야 한다.

또 하나는 경기침체 또는 정부의 규제정책으로 일시적으로 가격이 하락하는 시기이다. 대표적인 시기가 1998년 IMF사태와 2003년 10.29대책 이후가 있다. 재건축 단지의 경우 정부의 규제정책이 발표되면 보통 사람은 투자가치가 떨어진 것으로 보고 인내심과 자제력을 잃은 사람들은 매물을 내놓기 시작한다.

경기가 침체되고 부동산시장이 침체돼 보통 사람들이 매입을 유보하거나 매도가 우세한 상황에서 침착하게 부동산을 살 용기가 있다면 결코 생각지 못한 좋은 기회를 잡을 수 있다.

둘째, 투자대상 내재가치 변화의 변화,
즉 내재가치가 상승하거나 일시적으로 내재가치가 하락한 시기이다.

내재가치가 시장가격에 반영되기 전 투자대상의 내재가치에 집중함으로써 남보다 한발 앞서 투자를 하는 것이다. 대표적인 예가 재건축 단지의 사업속도일 것이다. 내재가치와 직결되는 사업속도를 알기 위해서는 조합장이 어떤 사람이고, 어떤 방식으로 조합을 운영하고 사업을 추진하는가에 대해 조사해야 한다. 또 조합원 간의 갈등이 없는지, 있다면 언제 해소 가능한지를 분석하는 것이다. 정부 정책에 따라 사업추진의 걸림돌 리스크는 얼마나 되는지도 반드시 체크해야 할 내용이다.

한편 안전진단 통과 여부, 개발이익환수 대상 여부, 종별 세분화 계획, 용적률 확정 등에 따라 사업성이 오르내리면서 재건축 아파트단지의 시장가격은 등락을 반복한다.

사업속도 악재로 시장가격이 떨어지지만 내재가치(사업속도가 빠르고 대표단지로서 가치가 상승하는 경우)에는 변화가 없다면 침체기에 매입하는 기회를 놓치지 말아야 한다. 또 조합원 소송, 임대주택 건립 등으로 리스크가 발생하면서 내재가치가 일시적(1년 안팎)으로 떨어지는 경우에도 이때 매입해야 한다.

개발 호재에 따라 내재가치가 높아지면 바로 시장가격에 바로 반영되기도 하지만 시차를 두고 반영하는 게 일반적이다. 지하철을 예를 들면 계획이 발표된 시점, 노선이 발표된 시점, 착공된 시점, 개통된 시점에 따라 역세권 아파트값은 지속적인 상승세를 보인다. 하지만 특히 침체기의 경우 호재가 시차를 두고 시장가격에 반영된다.

가치투자자라면 개발 호재에 따른 내재가치를 현장에 가서 조사하고 평가한 뒤 시장가격에 반영되기 전 사는 것이다.

이 밖에 내재가치에 반영되는 △국토종합계획, 도시기본계획, 행정중심복합도시, 공공기관 지방이전, 기업 및 혁신도시, 뉴타운 및 강북 재개발사업 등 중장기 개발

계획 △투자대상 지역의 도로망 전철망 및 재개발 재건축, 공장 증설 계획 △지방 자치단체의 혐오 및 문화편의시설, 공원 등 친환경 시설 조성 계획 등에 대해서는 지속적으로 연구 분석하는 자세를 잃지 말아야 한다.

다시 강조하지만, 성공적인 매입 타이밍을 잡기 위해선 경제 상황과 부동산시장이 향후 어떻게 될 것인가를 예측하는 데 시간을 소비하기보다는 자신이 사고자 하는 부동산 투자대상의 내재가치 변화에 집중해야 한다. 단적으로 시장가격보다 내재 가치가 높은 부동산을 발견하면 침체기가 투자의 적기이다.

한편 매우 드물게(10년에 한 번 나올까 말까 하는) 부동산 시장가격이 과대 평가돼 즉 거품이 커져 적정가(내재가치보다 낮게)로 매입할 수 없는 상황이라면 매수를 중단하고 때를 기다려야 할 것이다. 그래서 '쉬는 것도 투자'라는 말이 있지 않은가?

K군이 기계식 주차를 싫어하는 이유?

기계식
주차장

기계가
고장이
나서…

오피스텔 세입자인 김모군은 최근 당혹스러운 일을 겪었다.
출근 시각에 맞춰 차를 빼려고 주차장에 갔으나 기계식 주차장치의
오작동으로 인해 차를 이용할 수 없었고, 결국 지각을 하고 말았다.
설상가상으로 중요한 자료를 차에 둔 탓에 직장에서도
하루 종일 일이 손에 잡히지 않았다.

화가 난 김모군, 다음 이사 땐 꼭 주차장 상태부터
확인하겠다고 마음을 먹는데….

주차비를 납부하는 주차장에서 차를 못 빼서 택시비 등 금전적 손해가 발생했다면, 관리업체에 손해배상 청구가 가능하다. 다만, 상대가 응하지 않을 경우 민사소송 등의 방법을 통해야 한다.

상가나 오피스텔에서 쉽게 볼 수 있는 기계식 주차장. 자주식과 비교해서 어떤 차이가 있는지 알아보자.

구분	기계식 주차장	자주식 주차장
주차 방식	• 기계를 작동해 자동차를 입·출고하는 방식 • 지정된 출입구에서만 입·출고할 수 있고, 차량 번호를 누르면 자동 출차되는 시스템	• 운전자가 자동차를 직접 운전해 주차하는 방식
장점	• 좁은 공간에 여러 대 주차 가능 • 도난 방지 용이	• 입출차 소요 시간이 적음 • 설치 및 유지 관리비가 저렴
단점	• 입출차 시간이 자주식에 비해 3~10배 소요됨 • 관리·보수 비용이 큼 • 기계 고장 가능성 높음 • 큰 SUV차량이나 외제 차량의 경우, 주차 가능 여부를 확인 후 이용해야 함	• 주차장 부지가 넓어야 가능 • 범죄, 도난사고 위험이 높음

➕ 플러스 TIPS

반자주식 주차장이란?
지상의 진출 입구에서 주차층까지 카리프트로 이동한 뒤 자주식으로 주차하는 방식. 자주식으로 설치하기에 진출 입구 공간이 충분하지 않거나 경사로의 확보가 용이하지 않을 경우 사용한다.

부동산 직거래,
당황 말고~특약 작성! 끝~

공인중개사를 통하지 않고 부동산 직거래하는 소비자들이 늘고 있다.
직거래 시 등기부등본, 건축물대장 등 서류조회와 당사자 확인은 필수 조건이다.

하지만 더욱 중요한 것 한 가지!
애매한 부분에 대해 특약을 상세하게 적어 둬라.
그래야 추후 발생할 수 있는 분쟁의 소지를 없앨 수 있다.

부동산 임대차 계약 시 많이 쓰이는 특약 문구를 알아보기로 하자. 단, 특약 내용에 따라 임대인에게 유리한 부분, 임차인에게 유리한 부분은 있을 수 있다.

시설 관련 특약 내용의 예

❶ 현 시설 상태의 임대차계약이다.

❷ 누수, 결로, 보일러 고장 등의 하자 보수는 임대인의 부담으로 잔금 지불 시까지 완료하도록 한다.

❸ 임대인은 잔금지급일 전까지 도배장판을 해주기로 한다.

❹ 임차인은 시설물의 파손 및 훼손 시 원상복구하기로 한다.

❺ 인수인계 품목 : 현관열쇠 2개, 안방 리모컨 1개

권리 관련 특약 내용의 예

❶ 임대인은 등기부등본상 현 상태를 유지해야 하며, 잔금일의 익일까지 근저당 및 기타 설정을 하지 않는다.

❷ 임대인은 등기부등본상 근저당권(OO은행, 채권최고액 금오천만 원)을 잔금 지급 시까지 전액 말소하고, 말소등기 하기로 한다.

❸ 잔금 지급은 상호 협의하에 일정을 앞당길 수 있다.

❹ 잔금 납부 시 등기부등본상 변동이 있을 경우, 계약을 무효로 하며 임대인은 임차인에게 계약금을 반환한다.

❺ 월 차임은 선(후)불이며, 매월 OO일에 임대인계좌(은행명, 계좌번호)로 입금하도록 한다.

❻ 각종 공과금, 관리비 등은 잔금일을 기준으로 정산하기로 한다.

❼ 계약금 중 금일천오백만 원은 계약 시 지불하고 금사천만 원은 5월 25일 매도인의 계좌로 송금하기로 한다. (TIP! 현금 지불 시 반드시 영수증을 작성할 것)

❽ 임대인은 임차인의 전세권설정에 동의하며, 필요서류를 제공하기로 한다. 전세권 설정 및 말소 비용은 임차인이 부담한다.

❾ 임대인은 임차인의 전세자금대출에 동의한다.

❿ 기타 사항은 주택임대차보호법 및 일반 부동산 관례에 따르기로 한다.

아파트 관리비, 속살까지 보여주마!

새 아파트에 이사 간 김대리는 첫 달 관리비 고지서를 보고 깜짝 놀랐다. 내역을 확인해보니 일반관리비 항목이 생각보다 훨씬 많이 나온 것이다. 격분한 김대리, 고지서를 들고 관리사무소에 가서 비용 내역에 대한 설명을 들었으나 도통 신뢰가 가지 않는다.

더 이상 내 관리비가 줄줄 새는 것은 아닌지 고민할 필요가 없다. 6월부터 관리비 내역을 현재 27개 항목에서 47개 항목으로 확대 공시하기 때문이다.

또한 의무공개대상 공동주택임에도 공개하지 않을 경우, 5백만 원 이하의 과태료가 부과된다.

〈세부내역 의무 공개 대상주택〉

- 300가구 이상 공동주택
- 150가구 이상 중앙(지역)난방 아파트 · 주상복합 건축물 등

〈세분화 내역〉

일반관리비	급여, 제수당, 상여금, 퇴직금, 산재보험료, 고용보험료, 국민연금, 국민건강보험료, 식대 등 복리후생비 등
제사무비	일반사무용품비, 도서인쇄비, 교통통신비 등
제세공과금	전기료, 통신료, 우편료, 세금 등
차량유지비	연료비, 수리비, 보험료, 기타 차량유지비
수선유지비	용역금액 또는 자재 및 인건비, 보수유지비 및 제반 검사비, 건축물의 안전점검비용, 재난 및 재해 등의 예방에 따른 비용
기타	관리용품 구입비, 회계감사비, 그 밖의 비용

임대소득세, 얼마면 되겠어?

퇴직 후 본인 거주 외 2주택을 월세(연 1천8백만 원)를 놓고 있는 생계형 임대소득자인 김주택 씨는 임대소득에 대한 과세방안에 따른 세금 부담 때문에 집을 팔려고 했으나 월세소득 없이는 생활이 힘들 것 같아 이러지도 저러지도 못하고 있다. 전국의 수많은 김주택씨들을 안심시키고자 정부가 임대소득자의 본격 세부담 덜기에 나섰다.

앞으로 임대소득이 연간 2천만 원 이하라면 주택 보유수와 상관없이 단일세율 (14%)로 분리과세하게 된다. 기준시가 9억 원이 넘는 고가주택 1채 소유자도 임대소득이 연 2천만 원 이하면 분리과세를 적용받는다. 개정안에 따라 김주택 씨는 얼마나 세금을 내야 하는지 알아보자.

> 수입금액 1,800만 원 − 필요경비 1,080만 원(필요경비율 60%) −
> 소득공제 400만 원(기본공제는 다른 소득이 없거나 2천만 원 이하만 적용) =
> 과세표준 320만 원 × 세율 14% = 납부할 세액 44만 8천 원

김주택씨가 부담할 세액은 44만 8천 원이며, 비과세 유예기간이 2년에서 3년 으로 연장되기 때문에 2016년까지는 낼 필요가 없다. 또한 마땅한 소득이 없 는 은퇴자나 고령층을 고려해서 소규모 임대소득자(연간 임대수입 2천만 원 이하)로 건강보험 피부양자에 해당되는 경우 피부양자 자격을 유지하도록 조치하고, 지역가입자인 경우 건강보험료 부담 경감 방안을 마련할 예정이라고 하니 김 주택씨는 걱정 그만해도 될 듯하다.

➕ 플러스 TIPS

간주임대료

간주임대료란, 실제 월 임대료와 별개로 전세보증금이나 임대보증금을 금융기관 등에 예치할 경우 이자수 익이 발생하는 것으로 간주하여 이자상당액을 월 임대료로 과세하는 것, 임대사업의 경우 세금으로 인한 수익률이 낮아질 수 있으니 반드시 챙겨볼 부분이다.

32 LTV, DTI
완화라고요~?

꽁꽁 얼어붙은 부동산시장의 매수심리를 녹이기 위한
최후의 카드가 등장했다.

바로 LTV와 DTI!

대출규제의 대명사로 불리는 LTV와 DTI 규제완화는 뜨거운 감자다.
LTV와 DTI 규제 완화가 주택을 구입할 수 있는 자금에 숨통을 터주어 주택거래
시장 활성화로 이어지며 결과적으로 부동산 경기를 회복시킬 것이라는 의견도
있고 반대로 가계부채가 늘면서 가계파산까지 이어질 수 있다는 의견도 많다.
수면 위로 떠오른 LTV와 DTI에 대해 알아보도록 하자.

LTV(Loan To Value ratio)란? 주택담보대출비율을 말한다.
내 집을 담보로 은행에서 돈을 빌릴 때 집의 가치를 얼마나 인정해주는가를
나타낸다. 예를 들어 LTV가 50%라면, 시가 5억 원의 아파트는 최대 2억 5천
만 원까지 빌릴 수 있다.
LTV는 해당 주택 담보가치에 의해서만 대출이 가능하기 때문에 소득이 없는
사람도 돈을 빌릴 수 있다는 문제가 있다. 하지만 이 같은 문제는 DTI를 통해
보완할 수 있다.

DTI(Debt To Income ratio)란? 총부채상환비율을 뜻한다.
총소득에서 부채의 연간 원리금 상환액이 차지하는 비율인데, 소득을 감안해
돈을 갚을 능력이 있는지를 따져 대출 한도를 정하는 것이다. 예를 들면 DTI
가 50%라면, 연소득 4천만 원 중 연간 원리금 상환액이 2천만 원 범위 내에
서만 대출이 가능하다는 말이다.

현재 LTV는 수도권은 50%, 지방은 60%다. DTI는 서울 50%, 경기·인천은
60%가 적용되며 지방은 DTI규제가 없다.

33

지식산업센터,
아파트? 공장? 정체를 밝혀랏!

> 우리도
> 이사가자~

지식산업센터

아파트형 공장이 지식산업센터로 이름을 바꾸고 한창 인기몰이 중이다.

제조업 외에 지식, 정보통신산업을 비롯한 다양한 업종의 입주기업이 늘어나자
넓은 녹지공간, 어린이집, 구내식당, 컨벤션센터등을 갖추고
오피스의 고급화·차별화 바람을 일으키고 있다.

오피스의 최신 트렌드!
지식산업센터를 파헤쳐 보도록 하자.

지식산업센터란?

동일 건축물에 제조업, 지식산업과 정보통신산업 및 지원시설이 입주할 수 있는 다층형(3층 이상) 집합건축물로 6개 이상의 공장이 입주할 수 있는 건축물을 말한다.

입주 기업 혜택은?

오피스텔이나 오피스보다 분양가가 통상 10~20% 저렴한 데다가 지식산업센터 입주기업은 정책자금에서 분양가의 최대 70%까지, 연 3~4%대의 낮은 금리로 대출받을 수 있다. 2016년 12월 31일까지 취득 시 취득세 50% 및 재산세 37.5% 감면 혜택도 받을 수 있고 입주기업들에게 관리비 부담을 줄여줄 수 있는 시스템이 갖춰져 있다.

분양받을 시 고려할 점은?

'임대 제한 규제 폐지법' 개정이 추진되고 있어 일반 투자자 사이에서도 지식산업센터가 고수익 틈새 상품으로 주목받고 있다. 단, 지식산업센터 분양 시에 고려할 점이 있는데, 다음과 같다.

❶ 업종에 따른 입주적격 여부를 반드시 확인해야 한다.

　(해당업종: 제조업, 지식기반산업, 정보통신산업, 벤처기업, 금융, 보험업 등)

❷ 직원 편의를 고려해 출퇴근하기 좋은 역세권, 편의시설과 법무 · 세무사 등 지원시설들을 갖춘 곳을 선택하는 것이 좋다.

❸ 기업들은 주로 장기임차를 선호하기 때문에 시세차익보다는 임대사업 목적으로 분양받는 것이 유리하며 비역세권이거나 무리하게 넓은 면적을 분양받을 경우 공실위험이 있으니 주의해야 한다.

작은 하자, 크게 만들면
앙~돼요!!

유주택씨는 전세를 끼고 새 아파트를 매수했다.

4년이 지나 매도하게 된 유주택씨, 내부 확인 차 집에 가보니 입주 때부터 살고 있는 세입자 배째라씨로부터 '주방 배수가 원활치 않다' 는 말을 들었는데….

하자보수기간에 왜 수리를 받지 않았느냐고 묻자, 배째라씨는 시간이 없어서 안 받았다고 한다. 그럼 재계약서 작성할 때 왜 말을 안 했느냐고 물으니, 그냥 살만해서 말 안 했단다.

뒤늦게 만만찮은 배관 수리비용을 부담해야 하는 유주택씨!

배째라씨에게 손해배상을 청구할 수 있을까?

집주인의 수선의무

집주인은 주택을 세입자가 사용 · 수익할 수 있는 상태로 유지할 의무를 지며, 하자가 있으면 수리를 해줘야 한다. 세입자가 하자 사실을 통지했음에도 집주인이 수리를 미루거나 모르쇠로 일관할 경우 세입자는 자신의 비용으로 수리할 수 있다. 이 비용은 집주인에게 즉시 청구 가능하다.

문제가 심각해서 살 수 없을 정도이거나 집주인이 수리해주지 않는다면 세입자는 계약을 해지하고 이로 인해 피해가 발생했다면 손해배상을 청구할 수 있다. 다만, 그 하자가 세입자의 과실로 발생했다면 집주인은 세입자에게 손해배상을 청구할 수 있다. 따라서 유주택씨는 배째라씨에 대해 손해배상청구가 가능하다.

세입자의 통지의무

세입자에게는 거주하는 동안 집에 문제 발생했을 경우 집주인에게 지체 없이 알려야 한다는 통지의무가 있다. 단, 집주인이 이미 알고 있는 경우는 제외한다.

세입자가 곰팡이 문제로 전셋집을 4개월 만에 이사 나와 제기한 손해배상소송 건에서 집주인에게 하자 사실을 즉시 알리지 않았기 때문에 손해배상의 책임을 물 수 없다는 법원의 판결이 내려졌다(서울중앙지법 2014나13609).

하자는 발생 즉시 알려야 하고, 하자 부분을 사진 찍어서 보관해 두거나 녹취나 서면으로 증거를 확보해야 추후 분쟁의 소지를 줄일 수 있다.

35 이사 갈 땐 빠진 관리비 다시 보자!

바야흐로 가을은 이사의 계절! 이사할 때 잔금이나 보증금 같은 큰 돈이 오고 가면 깜박 잊을 수 있는 것이 바로 선수관리비와 장기수선충당금이다.

받으면 선물 같은 선수관리비, 장기수선충당금!
잊지 말고 잘~ 챙기자!

선수관리비

아파트에 최초로 입주할 때 공용부분의 관리 및 운영에 필요한 비용을 마련하기 위해 소유자가 부담하는 금액이며 아파트 관리비 예치금 및 관리비선수금이라고도 한다. 사업주체가 주택법시행령 제49조에 따라 일정기간 동안 아파트를 직접 관리하는 경우 관리에 필요한 사무실 집기, 비품, 공구, 각종 공과금 납부 등의 비용을 마련하기 위해 초기 입주자에게 선수관리비를 미리 받는다. 일반적으로 평당 6천 원~1만 원 정도의 선수관리비를 징수하며 매매로 소유자가 바뀐 경우 잔금일에 매도자는 매수자에게 선수관리비 영수증을 주고 기 납부한 선수관리비를 받아 이사 가면 된다.

장기수선충당금

장기수선충당금이란 아파트 외관 도색 등 장기적으로 발생할 수선에 사용할 목적으로 매달 일정금액을 소유자로부터 징수하는 비용이다. 주로 아파트 가치를 상승시키는 보수 · 리모델링 용도로 사용된다. 그런데 이 장기수선충당금은 관리비에 포함되어 부과되므로 세입자가 거주기간 동안 집주인을 대신해 이 금액을 납부하고, 이사 갈 때 그동안 부담한 장기수선충당금을 집주인으로부터 되돌려받을 수 있다.

➕ 플러스 TIPS

우체국 주소이전 서비스 이용하기

전입이나 전출 등으로 집 주소가 변경된 경우 '주소이전 서비스'를 이용하면 된다.
'주소이전 서비스'는 접수일로부터 3일 이후(공휴일 제외) 3개월간(1회에 한함) 무료로 제공된다.
접수는 가까운 우체국 또는 인터넷 우체국을 통해 신청서를 작성하고 주소이전 대상자(가족 등 이전 주소지에서 우편물을 받아보던 사람)를 기재하면 된다.
(연락처/우편물 주소지 1300, 도시가스 1588-5788, 상하수도 120, 전기세 123, 전화 100)

36

나도 민영주택
특별분양 대상자?

민영주택에도 **특별공급**이 있다. 일반공급의 청약경쟁과는 별도로 분양받을 수 있는 제도다. 민영주택이란 국민주택기금의 자금을 지원받지 않고 건설회사나 공공단체가 분양하는 아파트를 말한다.

특별공급은 입주자모집공고일 현재 무주택세대구성원(주택을 소유하고 있지 않은 세대의 세대주 및 세대원 전원)이어야 한다. 또 1회 당첨에 한하며 1세대에서 1명만 청약할 수 있다. 민영주택 특별공급은 다자녀, 신혼부부, 노부모 부양, 기관추천이 있다. 생애최초는 공공분양에만 있다.

다자녀 특별분양

전체 공급세대수의 10% 이내 공급할 수 있다. 입주자모집공고일 현재 만 19세 미만의 직계자녀 3명 이상을 둔 무주택세대구성원이어야 한다. 또 청약통장에 가입한 지 6개월 이상이어야 하고 지역별 예치금액 이상을 납입해야 한다.

당첨자 선정은 65점 만점의 배점 기준표에 따라 결정된다. 총배점은 무주택기간 20점, 당해 시도 거주 기간 20점, 영유아 자녀수 10점 등이다.

신혼부부 특별분양

전용면적 85㎡ 이하 전체 공급세대수의 10% 이내 공급할 수 있다. 입주자모집 공고일 현재 혼인 기간이 5년 이내이고 그 기간에 자녀(임신 중 또는 입양 포함)가 있는 무주택세대구성원이어야 한다. 재혼일 경우 혼인관계에 있는 배우자와의 혼인 기간 내 임신 중이거나 출산인 자녀가 있는 경우에만 해당된다.

청약통장에 가입한 지 6개월 이상이어야 하고 지역별 예치금액 이상을 납입해야 한다. 이와 함께 소득 기준을 충족해야 한다. 전년도 도시근로자 가구당 월평균 소득의 100% 이하이어야 한다. (단, 배우자가 소득이 있는 경우에는 120%!)

당첨자 선정은 혼인 후 3년 이내 출산한 자녀가 있는 경우가 1순위, 5년 이내 출산한 자녀가 있는 경우가 2순위다. 동일 순위 경쟁 시에는 미성년자 자녀수, 추첨 순으로 결정한다.

노부모 부양 특별분양

전체 공급세대수의 3% 이내 공급할 수 있다. 입주자모집공고일 현재 만 65세 이상의 직계존속(배우자의 직계존속 포함)을 3년 이상 계속해서 부양(같은 세대별 주민 등록표상에 등재돼 있는 경우에 한함)한 무주택세대주이어야 한다. 세대주에 한하며 피부양자의 배우자도 무주택자이어야 하고 피부양자의 배우자가 주택을 소유하고 있던 기간은 무주택 기간에서 제외한다. 또 청약통장에 가입한 지 1년 이상이어야 하고 지역별 예치금액 이상을 납입해야 한다.

당첨자 선정은 민영주택 가점제로 한다. 무주택세대구성원 기간 산정 시 노부모(배우자가 있을 경우 배우자도 포함)를 포함한 세대주 및 세대원 전원의 무주택기간을 산정한다.

민영주택 특별분양에 대한 자세한 내용은 분양받는 아파트의 입주자모집공고를 보는 게 가장 좋다. 그래야 부적격 당첨으로 당첨 취소되는 불상사를 피할 수 있다.

진짜 팔아야 할 타이밍도
분명 따로 있다

매입 타이밍과 매도 타이밍의 중요성을 비교한다면 매도 타이밍이 결코 매입 타이밍에 뒤지지 않는다. 특히 3년 이상 장기투자로 100% 이상의 투자 수익률을 올리는 것을 목표로 하는 가치투자자라면 매도 타이밍은 더더욱 중요하다. 진짜 사야 할 타이밍에 부동산을 자신만의 투자원칙에 따라 샀다면 언제 팔아야 할지도 쉽게 알 수 있을 것이다.

원론적으로 진짜 팔아야 할 타이밍은 내재가치가 시장가격에 모두 반영됨으로써 수명을 다한 시기이다. 다만 문제는 보통 사람들이 내재가치가 수명을 다해 더 이상 내재가치가 높아지지 않는 시기가 언제인지를 알기가 힘들다는 것이다. 이로 인해 진짜 팔아야 할 경우 세 가지를 아는 게 중요하다. 이에 포함되는 경우에 지체없이 보유하고 있는 부동산을 매도해야 한다.

부동산을 진짜 팔아야 할 경우 세 가지

첫째, 실수로 잘못 매입한 경우이다. 시장가격보다 내재가치가 뛰어나다고 판단하고 매입했지만 시간이 흐를수록 내재가치가 당초보다 낮다고 판단되고, 이런 판단이 시간이 흐를수록 의심에서 확신으로 바뀌는 경우이다. 이때 자기 자신의 투자 결정에 대한 자존심으로 최소한의 이익을 볼 때까지 매도를 유보하고 활황기 때까지 보유하겠다는 발상은 엄청난 투자손실을 입을 수 있다는 것을 명심해야 한다. 내재가치가 떨어진 부동산을 계속 보유함으로써 더 나은 부동산을 매입할 기회를 놓치는 것은 물론 활황기에 내재가치가 풍부한 부동산보다 상승폭이 적어 이중으로 손실을 보게 된다.

따라서 이에 해당된다면 먼저 보유 부동산을 매도하고 부동산을 매입할 때 잘못된 판단을 내린 이유를 찾아내 앞으로 똑같은 실수를 반복하지 않는 것이 중요하다. 매도했다면 새로운 투자처를 찾아야 한다.

둘째는 투자원칙을 어기고 매입한 경우이다. 침체기 또는 활황기에 투자대상에 대해 잘 모름에도 주변 사람이나 전문가의 말을 믿고 투자한 경우이다. 또 불확실한 호재를 근거로 매입했거나 단기 시장 변동에 따라 싸다고 매입한 경우이다. 결과적으로 활황기에는 조금 오르고 침체기에는 크게 하락을 해서 투자손실을 입게 된다.

셋째는 드물지만, 보유 부동산보다 투자가치가 더 높은 부동산을 발견한 경우이다. 투자 원칙에 따라 투자했다면 갈아타기를 통해 투자수익을 극대화할 수 있는 다른 투자처는 거의 없다고 보는 게 좋다. 인력시장에서 구직자는 많으나 회사에 적합한 인재가 많지 않은 것처럼 말이다.

그럼에도 불구하고 보유 부동산보다 내재가치가 풍부해 매력적인 투자처라고 확신한다면, 또 갈아탈 대상이 투자원칙을 충족한다면 세금 부담이 있더라도 갈아타는 것을 실행할 수 있다.

이처럼 팔아야 할 경우 세 가지에 해당되지 않는다면 매도 타이밍을 빨리 잡는 것은 대부분 투자 실패로 끝날 가능성이 높다는 것을 명심해야 한다.

부동산을 진짜 팔아서는 안 되는 경우 세 가지

투자자들은 '진짜로 팔아야 할 타이밍이 언제인가?' 보다 '진짜로 팔아서는 안 되는 타이밍'을 아는 것이 더 중요하다는 것을 알아야 한다. 부동산시장에서 매도 타이밍과 관련된 실수(잘못)가 우리 주변에서 너무 자주 벌어지기 때문에 투자자들이 심각하게 생각하지 않는 것뿐이다. 다시 한 번 강조하지만, 투자원칙에 따라 부동산을 매입했다면 매도할 이유는 쉽게 생기지 않는다. 보유하고 있는 부동산을 진짜로 팔아서는 안 되는 경우 세 가지를 소개한다.

첫째, 침체기가 다가오고 있으므로 팔아야 한다는 경우이다. 피터 린치는 시장 상황에 따라 주변 사람의 근거 없는 주장에 투자자들이 섣불리 매도할 수밖에 없는 상황을 '북소리 효과'로 분석했다. 보통 사람은 부동산 침체기에 방송에서, 라디오에서, 그리고 신문에서 전문가들의 다음과 같은 말에 흔들리게 된다.

"금리가 인상되고 세 부담도 늘어나 이제 부동산 거품이 빠질 시기가 다가왔다."
"금리가 더 오르기 전에 팔아라"
"불경기가 오기 전에 팔아라"
"대출금리가 오르면서 서민들의 대출부담이 늘어나 생계형 급매물이 크게 늘어날 것이다."

또 주변에서 아는 사람들이 이런 말을 한다.

"그 아파트는 이제 오를 만큼 올라 더 이상 오르기가 힘드니 욕심 그만 내고 팔아라"
"너무 고평가된 데다 침체기에 부동산 거품이 빠지기 전에 파는 게 좋다."
"단기간에 너무 올라 조만간 가격이 하락할 것이다."

이런 전문가와 주변 사람들, 언론의 '북소리'에 휘둘려 팔아서는 안 된다. 이를 극복하는 방법으로 차분하게 자기만의 시간을 갖고 '내가 이 부동산을 산 이유가 무엇이었나'를 다시 한 번 자문해보는 것이다. 10년에 한 번 올까 말까 하는 대세 하락이 오지 않는 한 '북소리'를 무시해야 한다.

침체기를 이유로 내재가치가 풍부한 부동산 매입을 미루는 경우와 마찬가지로 침체기가 온다는 이유로 내재가치가 풍부한 부동산을 팔아서는 장기적으로 매우 값비싼 대가를 치르게 될 것이다.

침체기의 가격 하락이라는 두려움 때문에 지속적으로 오를 수 있는 내재가치를 지닌 부동산을 팔아버리는 투자자들을 우리 주변에서 너무 많이 봐왔다. 더욱이 막연한 두려움 때문에 매도했지만, 부동산은 계속 오르는 경우가 많다.

이런 실수 아니 명백한 잘못은 다시 침체기에 와서 판 부동산을 다시 매입하더라도 이전에 판 가격 이하로 살 수 있는 기회가 없다는 것을 보더라도 입증된다. 보통 사람들은 뒤늦게 섣부른 매도를 후회하며 자신이 매도한 가격보다 떨어지면 사겠다고 기다리지만 그런 날은 오지 않으며 설령 오더라도 역시 두려움 때문에 쉽게 다시 매입하지 못하게 된다.

둘째로 고평가가 됐기 때문에 팔아야 한다는 것이다. 과연 고평가의 기준은 무엇인가? 다른 부동산에 비해 너무 많이 올랐다는 것인가? 아니면 실질소득이나 실질구매력, 경제성장률에 비해 너무 많이 올랐다는 것인가?

여기서 고평가의 본질을 알아야 한다. 경기 상황에 따라, 부동산시장 상황에 따라 고평가 여부를 판단하는 것은 엄청난 투자수익을 자기 발로 걷어차는 결과를 초래할 뿐이다.

고평가의 본질은 내재가치에 비해 현재 가격 즉 시장가격이 지나치게 높다는 의미이다. 성급한 결론으로 매도하기보다는 내재가치가 시장가격에 반영되고 있는 시기인지를 조사, 분석해야 한다.

셋째로 단기간 너무 올랐기 때문에 팔아야 한다는 것이다. 즉 짧은 기간에 너무 많이 올라 이제 추가 상승 여력이 거의 없으므로 팔아야 한다는 것이다. 추가 상승 여력이 있느냐, 없느냐는 현재 가격이나 시장 상황에 따라서가 아니라 부동산의 내재가치에 따라 좌우된다는 것을 알아야 한다.

단기간 급등이 단타성 투기수요보다는 공급에 비해 수요가 많거나 주거환경 인프라가 개선되고 호재가 발생하는 등 내재가치가 오르고 있다면 가격 급등 사실만으로 매도 타이밍을 앞당겨 잡아서는 안 된다. '오르는 부동산만(정확히는 내재가치가 풍부한 부동산만) 오른다'는 격언처럼 시장가격보다 내재가치가 높은 한 단기간 급등에 상관없이 상승세는 계속되는 것이다.

진짜 팔아서는 안 되는 경우 세 가지를 이해하고 이를 실행한다면 매도 타이밍을 잘못 잡아 실패하는 경우는 거의 없을 것이다.

왜 재산세는 두 번 내나요?

올초 아파트를 매수한 K씨.
7월 재산세 고지서를 받고 납부를 했는데 9월 고지서를 또 받게 되었다.
무시하고 내지 않았더니 가산금까지 붙은 고지서가 날아왔다!

왜 재산세만 두 번 내는 걸까?

재산세란?

재산세는 시, 군, 구청 세무과에서 담당하는 지방세이다. 매년 6월 1일, 당시를 기준으로 토지와 건물 등 소유자에게 재산세 납세의무가 있다. 또 재산세액의 20%의 지방교육세가 함께 부과된다.

세금 부담을 덜기 위해 2번에 걸쳐 내게 되는데, 건물분과 주택분 재산세의 1/2은 7월 16일~7월 31일 사이, 토지분과 주택분 재산세의 1/2은 9월 16일~9월 30일 사이에 납부하게 된다. 따라서 주택의 경우 통상 두 차례에 나눠 납부하며 세액이 5만 원 이하일 경우 7월에 전액 고지할 수 있다.

재산세 산출 방법

● 재산세 과세표준 = 재산가액 × 공정시장가액비율(주택의 경우 60%)

● 재산세 = 재산세 과세표준 × 세율(주택의 경우 0.15~0.5% 4단계 누진세율)

재산세 세부담 상한제도

당해 재산세 산출세액은 직전년도 재산세액의 일정규모를 초과해서 징수할 수 없다. 주택의 경우 주택공시가격 3억 원 이하일 때 전년도 세액의 105%, 3억~6억 원 이하는 110%, 6억 원 초과일 경우 130%까지만 징수 가능하다.

세수확보를 위한 제도 개편으로 인해 2015년부터 상한율은 가격 구간별로 5%포인트씩 상향 조정될 예정이다. 또한 전세보증금 반환에 관한 내용증명을 보내면 집주인을 압박하는 수단이 되는 한편 추후 소송 진행 시 유리한 근거로 활용할 수 있다.

내용증명 보내는 방법

월세 만기 3개월 전에 이사 갈 것을 밝히고
만료일에 보증금을 받기로 약정했으나 세입자를 못 구했다는 핑계로
보증금 반환을 차일피일 미루는 집주인!

새로 구해 놓은 전셋집의 잔금일은 다가오는데….
좋은 방법 없을까?

내용증명 작성

첫째, 수신인과 발신인의 이름과 인적사항 및 주소를 상단에 적고, 내용을 포괄하는 제목을 정한다(예: 임대차 만료에 따른 월세보증금 반환에 관한 내용).

둘째, 관련 내용을 육하원칙에 따라 세밀하게 작성한다. 추후 소송까지 예상해 가능한 한 현재 피해 상황뿐 아니라 미래에 발생할 손해까지도 기록한다. 해결되지 않을 경우 대처방안에 대해서도 자세히 적는다.

내용증명 발송

같은 내용으로 3장을 작성한 후 각각 봉투에 수신인과 발신인을 정확히 적어 밀봉하지 않은 상태로 우체국에 가져간다.

우체국 창구에서 담당자가 봉투와 내용의 수신인과 발신인이 같은지 확인 후 접수하고 1부는 발송, 1부는 우체국 보관(발송일로부터 3년), 나머지 1부는 발신인에게 접수증과 함께 준다.

내용증명 수취 거부 시

내용증명은 의사표시의 한 방법일 뿐 그 자체로 효력이 있는 것은 아니기에 수신인은 수취를 거부할 수 있다. 보통 3차례 보내게 되며 반송 시 우체국에서는 반송된 내용증명과 '내용증명 수취거부반송증거'를 준다. 이를 잘 보관했다가 나중에 소송에서 증거로 제시할 수 있다.

사실혼 배우자, 상속받을 수 있을까?

공무원이었던 K씨는 이혼 후 지인의 소개로 A씨를 만나
10년간 동거를 하며 아들 2명을 두었다.
퇴직 후 연금을 받으며 생활하다가 최근 교통사고로 사망한 K씨!

혼인신고 없이 살았던 A씨는
K씨의 재산을 상속받을 수 있을까?

사실혼 배우자는 상속권이 없다.

현행 민법에서는 재산을 상속받을 수 있는 배우자를 혼인신고를 한 '법률혼' 관계의 배우자만 인정하고 있기 때문에 혼인신고를 하지 않은 A씨는 재산을 상속받을 수 없다. 교통사고 사망보험금도 법률혼의 경우에만 상속권이 인정되므로 A씨가 받을 수 없다.

연금수급권은 있다!

공무원연금법 제3조 제1항 제3호에 따르면 사실혼 배우자의 연금수급권이 인정된다. 법률상 배우자가 있을 때는 사실혼 배우자에게 연금수급권이 인정되지 않으나 K씨의 경우 이혼했기 때문에 사실혼 배우자인 A씨에게 연금수급권이 있다.

주택 임차권 승계는 가능하다.

K씨가 임차인이었다면 A씨는 그의 임차권을 승계한다. 단, K씨의 2촌 이내의 친족(상속권자)이 있고 그 주택에서 같이 살았다면 상속권자가 임차권을 상속한다. 같이 살고 있지 않다면 상속권자와 A씨는 공동상속을 받는다.

자녀의 상속권은 인정된다.

A씨의 자녀는 혼외자로서 당연히 상속권이 인정된다. 만약 K씨가 혼외자로 인지하지 않는 경우, 혼외자는 K씨의 사망을 안 날로부터 2년 내에 인지청구의 소를 제기할 수 있다(민법 제864조).

부동산 중개수수료

ABC를 알려주마

주택 또는 상가를 매매·교환·임대할 때 중개사사무소를 통해 계약하게 된다.
거래금액이 큰 만큼 안전한 거래를 담보하기 위해서다.

부동산 거래 당사자들이 지불하는 중개수수료에 관한 궁금증을 정리해본다.

Q1 계약기간 중도에 임차인이 이사할 경우 중개수수료는 누가 내야 할까?

A 계약 만료 전 임차인이 중도에 나갈 경우 중개수수료를 누가 낼지에 대해서는 의견이 분분하다. 일반적 관행은 임차인이 중개수수료를 부담하고 있다. 그러나 임차인이 중개수수료를 부담하겠다는 별도 약속이 없었다면 임대인이 부담해야 한다는 게 판례다. 따라서 분쟁을 없애기 위해서는 임대인 임차인 쌍방간 또는 중개업자가 수수료에 관해 분명히 의사를 확인하고 진행하는 것이 좋다.

Q2 중개수수료 요율은 전국 어디나 동일하다?

A 중개수수료 요율은 시도별로 다를 수 있다. 따라서 시도별로 계약 전 거래가에 따른 요율을 미리 확인해야 한다.

Q3 주택과 비주택은 요율이 다르다?

A 주택과 비주택(상가, 업무용 오피스텔, 토지 등)에 따라 중개수수료 요율이 다르다. 이때 건축물의 실제 용도가 아니라 등기부등본상의 용도에 따라 주택 또는 상가로 분류된다. 주거용 오피스텔이라고 하더라도 등기부등본에 업무용으로 돼있다면 상가로 적용받는다.

Q4 상가주택의 중개수수료 요율은?

A 상가주택은 주택 면적과 주택외 면적을 비교해 크기에 따라 요율을 적용한다. 즉 면적이 동일하거나 주택면적이 더 넓으면 전부 주택에 대한 중개수수료 요율을 적용한다. 반대의 경우 상가 요율을 적용한다.

비례율이 높으면 왜 좋을까?

Q__재개발 아파트 조합원 입주권을 매수하려고 하는데요. 중개업소에서는 비례율이 높기 때문에 수익성이 좋고 조합원 추가부담금도 적게 들어간다고 설명합니다. 비례율이 높으면 왜 수익성이 좋은지 알고 싶습니다.

A__우선 비례율에 대한 정확한 의미를 아셔야 합니다. 비례율이란, 개발이 익률이라고도 하며 재개발사업이 완료된 후 조합이 벌어들일 총 수입금인 분양이익에서 사업비를 제한 금액을 구역 내 토지 및 건물감정평가액으로 나눈 금액을 말합니다.

비례율은 조합원 권리가액을 산정할 때 필요하며 조합원 권리가액이 높으면 부담금이 줄어들기 때문에 비례율이 낮으면 사업성이 낮고 높으면 사업성이 좋다고 평가합니다.

❶ 비례율 = (분양이익 – 총 사업비) / 종전 토지 및 건축물 총평가액 × 100
❷ 조합원 권리가액 = 조합원 종전 감정평가액 × 비례율
❸ 조합원 부담금 = 조합원 분양가 – 조합원 권리가액

재개발 사업 막바지인 관리처분계획 인가 시 정확한 비례율을 알 수 있기 때문에 그 전까지는 추가부담금이 더 발생할 수 있다. 사업 초기에 말하는 비례율은 추정치이므로 높은 비례율에 현혹되지 말아야 한다.

한편 비례율은 변동이 가능하므로 수익성이 좋은 사업이라는 인식을 주기 위해 간혹 비례율을 높이는 경우도 발생한다. 이때 분양가상한제 대상이거나 미분양의 우려로 인해 분양가를 올리는 데엔 무리가 있어 주로 종전토지 및 건축물 평가액을 낮추는 방법으로 비례율을 높인다.

청약통장 없이 청약한다고?

사회 새내기들이 월급 받고 가장 먼저 만드는 통장 중 하나인 청약통장.
아파트를 분양받기 위해서는 꼭 필요한 통장으로 인식되는데

청약통장 없이도 분양받을 수 있는 공급방법이 있다.

주택공급에 관한 규칙 제10조에서는 주택공급방법을 일반공급, 특별공급, 단체공급으로 구분하고 있으며 특별공급 시 이전기관 종사자와 일부 기관추천자들은 청약통장이 필요 없다.

1. 일반공급

1~2순위로 구분해 청약 경쟁하는 방식으로 가장 일반적이다.

● 지역 거주자 우선공급 지자체장은 투기를 방지하기 위해 해당 주택공급지역에 일정 기간 이상 거주하고 있는 사람들에게 주택을 우선 공급할 수 있도록 한 제도로 해당 주택건설지역이 수도권일 땐 일반공급 주택 수의 50%를 우선공급하게 할 수 있다. 입주자모집공고일 기준 1년 이상 해당 지역 거주자에게 먼저 공급하는 것으로 입주자모집공고일로부터 1년 연속 거주해야 청약할 수 있다.

2. 특별공급

국가유공자, 장애인, 신혼부부, 다자녀가구, 노부모 부양자 등 정책적 배려가 필요한 사회 계층의 주택마련을 지원하기 위해 일반공급과의 청약경쟁 없이 별도로 분양받을 수 있도록 하는 제도로 1회로 제한한다. 주택 건설량의 10% 범위 내에서 특별공급할 수 있으며 시도지사의 승인을 받은 경우에는 10%를 초과해 특별공급 가능하다.

3. 단체공급

직장주택조합에 적용되는 주택공급방법으로, 입주자모집공고일 현재 조합원이 20인 이상인 직장주택조합에게 국민주택 등 건설량의 40% 범위 안에서 공급한다. 단체공급 직장주택조합의 조합원은 청약저축에 가입해 매월 약정 납입일에 월 납입금을 6회 이상 납입해야 한다.

주택청약 시
규모 선택하기

청약제도 간소화를 내용으로 하는 '주택공급에 관한 규칙' 개정으로 인해
2015년에 이어 2016년도 청약 열풍은 지속될 전망이다.
청약신청 시 지역 못지않게 신중을 기해 선택해야 할 것이 바로 주택규모!

주택규모 선택이 어떤 식으로 진행되는지 알아보기로 한다(참고: APT2you).

청약 신청하려면 꼭 주택규모를 선택해야 하나요?

주택청약종합저축 가입자가 민영주택 및 민간건설 중형국민주택에 청약신청을 할 때만 주택규모를 선택하게 된다. 청약저축 및 청약부금은 국민주택 등(전용면적 85㎡ 이하)에 청약신청 할 수 있으므로 별도의 주택규모 선택절차가 없고 청약예금은 가입 시 지역별 주택규모별 예치금을 일시에 예치하므로 가입 시 주택규모가 결정된다.

한번 선택한 주택규모를 변경할 수 있나요?

현재는 주택규모선택 후 2년이 경과하면 선택한 규모를 변경할 수 있고 규모를 늘려서 변경한 경우 변경한 날부터 3개월 경과해야 변경한 규모에 해당하는 주택에 청약할 수 있다. 그러나 상황에 따라 적기에 주택을 선택하기 어렵다는 점을 감안, 올해 2월부터는 예치금을 변경하면 즉시 규모변경이 가능하도록 청약제도가 개편됐다.

언제까지 주택규모를 선택해야 하나요?

최초 주택규모선택은 주택청약종합저축 가입일부터 청약신청일까지 할 수 있다. 이후 주택규모를 변경할 땐 청약하고자 하는 주택의 입주자모집공고일 전날까지 해야 한다.

어디서 주택규모선택을 할 수 있나요?

최초 주택규모선택은 APT2you홈페이지(http://www.apt2you.com)에서 오전 8시부터 오후 5시 30분까지 할 수 있고 이후 주택규모변경은 주택청약종합저축 가입은행에서 하면 된다.

입주권 양도소득세 계산하기

주의사항
2006년 이후 취득한 입주권만!

1년 이상   1년 미만

권리가액   프리미엄

조합원

조합원 입주권은 부동산에 관한 권리로 양도소득세 과세 시 주택으로 간주하므로 양도 시 1가구 1주택자는 비과세 혜택을 받게 되고 1년 미만 보유할 경우 중과세 적용을 받게 된다.

주택 수에 포함시켜 과세하는 입주권은 도시 및 주거환경 정비법상의 입주권으로 2006년 이후 취득하거나 관리처분계획인가를 받은 것으로 한정되며, 기존 조합원 입주권과 승계조합원 입주권 모두 해당한다.

주택은 관리처분계획인가일을 기준으로 입주권으로 확정되는데 준공일(사용검사일, 임시사용승인일, 실제 사용일 중 빠른 날)에 다시 주택으로 변한다.

입주권 양도소득세 계산방법

조합원 입주권 양도가액은 종전 부동산 취득일로부터 관리처분계획인가일까지의 권리가액 + 관리처분계획인가일부터 입주권 양도일까지의 권리에 관한 소득(프리미엄)

양도가액 − 필요경비 = 양도차익
- 장기보유특별공제(관리처분계획인가 전 양도차익에 대해서만 적용) = 양도소득금액
- 양도소득 기본공제(년 인당 250만 원 공제) = 양도소득 과세표준×양도소득세율 = 산출세액

산출세액에서 감면세액을 제하고(감면될 경우 20%의 농어촌특별세 납부) 지방소득세(10%)를 더하면 총 납부할 세액이다.

단기보유 중과세 요건

1년 미만 보유한 조합원 입주권의 경우 40% 세율로 중과세되고 1년 이상 보유 시 6~38% 세율로 누진세율이 적용된다.

비과세요건

종전주택이 관리처분계획인가일과 주택의 철거일 중 빠른 날 현재 1세대 1주택 비과세 요건을 충족하고 다음의 어느 하나에 해당하는 경우

❶ 양도일 현재 다른 주택이 없는 경우
❷ 양도일 현재 당해 조합원입주권 외에 1주택을 소유한 경우로서 1주택을 취득한 날로부터 3년 이내에 조합원 입주권을 양도하는 경우

45

고층 아파트, 단점이 뭔가요 ?

체크리스트

- ☑ 고층아파트 증후군
- ☑ 화재 지진 등 재해
- ☑ 관리비
- ☑ 바람
- ☑ 엘리베이터 편의성

과거 아파트 로열층은 중간층을 기준으로 삼았다.
15층이면 7층 앞뒤가 로열층이었다.
요즘엔 고층일수록 선호도가 높아 최고층을 기준으로 로열층을 구분한다.

하지만 내가 살며 몸과 마음이 편한 층이 로열층이 아닐까?

아파트에서 16층 이상 고층을 선호하는 것은 우선 재산상 이익 때문일 것이다. 비로열층보다 시세가 높게 형성되기 때문이다. 또 조망이 좋고 사생활과 일조권 침해를 받지 않는다는 장점이 있다. **그럼 고층 아파트에 살 때 단점은 뭘까? 물론 거주자에 따라, 동별 배치에 따라 장단점은 달라질 수 있다.**

🏢 고층아파트 증후군을 앓을 수 있다

16층 이상 고층에 사는 사람이 저층에 사는 사람보다 공격적이고 감기에 잘 걸리며 두통과 호흡기 소화기 질환으로 고생하는 경우가 많다고 한다. 특히 노약자는 고층에 좋지 않다는 게 정설이다.

고층아파트 증후군은 다음과 같다. 온몸에 오한이 지속된다. 복통이 잦다. 눈이 따갑다. 코가 시큰거린다. 손이 저린다. 피로 증상이 지속된다. 과민반응, 정서불안. 속이 울렁거리거나 현기증이 난다. 이런 증상을 앓고 있다면 땅의 기운이 영향을 미치는 5층 이하로 이사가는 것을 고려해야 한다.

🏢 재해에 취약하다

화재나 지진 등과 같은 재해가 발생했을 때 고층 아파트는 생명에 치명적일 수 있다. 화재 시 피난 경로가 길어져 대피시간이 길다. 초고층으로 짓기 위해 사용하는 고강도 콘크리트가 열에 약해 화재 등에 취약하다. 16층 이상 고층은 화재진압이 어렵다.

🏢 고층은 겨울에 춥고 여름에 덥다

고층은 일반적으로 전망이 좋고 통풍은 좋다. 햇볕이 잘 든다. 그만큼 여름에 덥고 겨울에 춥다. 춥기 때문에 결로 가능성이 저층보다 높다. 따라서 난방비 등 관리비가 더 비싸다. 꼭대기 층이 아니라면 여름에 창문을 열면 저층보다 오히려 더 시원하다는 거주자도 있으니 절대적인 건 아니다.

🏃 바람 영향을 많이 받는다

바람이 저층보다 고층에 더 많이 분다. 특히 25층 이상 초고층은 바람불면 '웽 ~' '윙~' 하는 바람 소리가 무섭다. 창문 흔들리는 소리가 저층보다 심하다. 또 바람이 세게 불면 아파트가 흔들릴 수 있다. 지진이 발생하면 흔들림이 저 층보다 심하다. 고소공포증이 있는 사람은 고층을 피하는 게 상책이다.

🏃 엘리베이터 이용이 불편하다

고층에 사는 사람이 가장 많이 불편해하는 것이다. 20층에 사는데 엘리베이터 가 고장 나면 상상하기 싫을 것이다. 특히 노약자가 있는 집은 10층 이상을 피하는 게 좋다. 어느 단지든 1년 한두 번씩은 고장 나거나 점검으로 인해 엘리베이터 운행이 중단되는 경우가 있다. 또 출근 시간에 엘리베이터 기다리는 시간이 길다. 층층마다 선다면 성질 급한 사람은 스트레스를 많이 받을 것이다.

이 밖에 고층 아파트의 단점으로는 대로변의 경우 소음이 크다. 꼭대기 층 등 옥상에 가까울수록 엘리베이터 기계실 소음이 크다. 25층 이상은 이사할 때 초고층 사다리를 써야 하기 때문에 이사비용이 더 든다. 겨울에는 건조하고 여름에는 습해 고층일수록 결로 발생확률이 높다.

BOOK in BOOK

오윤섭의 부자노트

코뿔소처럼 움직여 느끼고 돌격하라

'코뿔소 이론'은 기회가 있을 때마다 내가 항상 주창하는 '일을 저질러라'와 일맥 상통하는 원칙이다. 영국의 역사학자인 폴 존슨이라는 사람이 포브스 잡지에 게재 한 것을 보고 무척 흥미롭게 느꼈다.

— 코뿔소는 특별히 섬세하지도 똑똑하지도 않다. 노아의 홍수 이전부터 존재했던 다리가 넷 인 동물 중 유일하게 무거운 뿔을 몸에 지니고 다닌다. 진화의 법칙과 자연선택에 의해 도 태됐을 법한 종이다. 그러나 코뿔소는 아직도 건재하다. 한 가지에만 전념하기 때문이다.

코뿔소는 무엇이든 눈앞에 새로 나타나면 돌격할지를 결정한다. 일단 돌격하면 온몸을 던 진다. 결과는 둘 중 하나다. 공격 대상이 납작해지거나 아주 멀리 도망가 버린다. 그러면 코뿔소는 다시 풀을 뜯는다.

이런 코뿔소에서 배워야 한다고 보는 사람은 거의 없겠지만, 내 생각은 다르다. 어떤 작 가가 집필을 마치지 못하거나 아예 시작하지도 못하고 있다는 이야기를 들으면 나는 그 작가에게 코뿔소 그림엽서를 보낸다. 그림은 내가 직접 수채화로 그린다. 많이 그려봤기 때문에 능숙한 편이다. 그리고 주소란 바로 옆에 이렇게 적는다. '책 한 권 때문에 그만 까 탈을 부리세요. 돌격해요. 코뿔소처럼 끝장을 볼 때까지. 이 엽서를 책상에 붙이고 코뿔소 이론을 기억하세요.' — 〈포브스코리아〉 2월호의 '코뿔소 이론' 중에서

'초원의 장갑차'로 불리는 코뿔소는 10m 이상 떨어진 물체는 볼 수 없을 정도로 시력(0.2~0.3)이 나쁘다. 대신 후각과 청각이 발달돼 있다. 냄새를 잘 맡아 1~2km 떨어진 동물을 정확히 알아내며 귀를 이리저리 움직이며 작은 소리까지 들을 수 있다.

코뿔소는 무조건 적에게 돌격하지 않는다. 후각과 청각으로 자신에게 위험한 동물로 판단하고 피하지 않을 경우에만 시속 45km로 돌격한다.

폴 존슨은 그의 칼럼에서 "만약 기업가가 자신의 비전에 목표를 담고 있다면 그의 뇌리에서 다른 모든 생각을 몰아내고 목표를 확보할 때까지 돌격해야 한다. 위대한 사업가가 되려면 수많은 자질이 필요하지만, 그중에서도 억척스럽게 전념할 수 있는 능력이 가장 중요하고 불가결한 조건이다"고 말했다.

부동산시장에서 침체기이든 활황기이든 가치투자를 하는 투자자 입장에서는 키워드가 항상 '선택과 집중', '가지치기', '단순화'라고 생각한다. 정부가 투기꾼을 잡는다고 규제책을 쓰든, 건설경기를 살린다고 부양책을 쓰든, 돈이 많든 적든 가치투자자는 독자적인 생각으로 연구 조사 분석을 하며 내재가치가 높은 부동산을 3년 이상 장기보유하면 될 것이다.

정부가 강도 높은 규제책을 쓴다고 소나기는 피해야 한다며 그저 상황을 지켜보고 있지는 않은지? 가치투자 고수와 정반대의 행동을 해서는 절대로 성공적인 부동산 재테크를 할 수 없다. 남이 살 때 팔고, 남이 팔 때 사야 한다.

지금이야말로 코뿔소 이론을 실행해야 할 시점이라고 생각한다. 부동산 재테크에 대한 자신의 비전(예를 들어 선도적인 투자로 5년 안에 부동산 자산 10억 원과 현금 1억 원 보유를 달성할 것이다)에 목표(내 집 마련, 내 집 마련+투자, 순수 투자)를 담고 목표를 달성할 때까지 돌격해야 한다. 이때 대세와 상관없는 시장 상황 즉 단기 변동에는 흔들리지 않은 놀라운 집중력을 발휘해야 한다. 위기를 내재가치가 높은 부동산의 매입 타이밍 즉 기회로 만들 수 있도록 정면 돌파를 해야 한다.

세금부담이 크다면, 주택을 여러 채 보유하고 있는 사람이라면 내 집 마련 한 채와 투자용 한 채로 분산투자보다는 선택적으로 내재가치가 높은 자산에 집중하는 '자산 구조조정'을 하고 일단 보유하는 부동산은 목표 수익률 또는 내재가치가 다할 때까지 흔들림 없이 보유해야 한다.

또 서민의 경우 지금 당장 돈이 없다고 해서 청약통장을 해지하기보다는 내 집 마련이라는 명확한 목표를 포기하지 않는 한 집값이 오를까? 아니면 내릴까? 고민하지 말고 내 집 마련을 하루라도 앞당기는데 돌격해야 한다.

지침이나 규칙, 법령 및 법률 등 모든 제도는 정권에 따라, 경기 상황에 따라 때로는 규제가 강화되고, 때로는 규제가 완화된다. 단기적인 변화에 일희일비하지 말고 일관된 행동을 견지해야 한다.

내가 지금 원하는 재테크의 목표가 내 집 마련이라면 내 집 마련에 돌격해야 한다. 강남에 30평형대로 내 집 마련을 하겠다고 한다면 대출을 절반을 받아서라도 사겠다는 마음가짐을 가져야 한다.

재테크 목표는 개인마다 천차만별이지만 목표에 집중하고 또 집중해야 한다. 예를 들어 판교신도시 청약에 목을 매고 있다면 다음과 같이 돌격해야 한다.

> 청약 1순위 자격이 있는지 확인한다 ◎ 인터넷으로 공인인증서 신청을 한다 ◎ 아파트 공사 현장을 방문한다 ◎ 모델하우스를 확인하고 최종 청약할 분양단지 및 평형을 선정한다 ◎ 청약 접수 기간 중 가장 먼저 인터넷 청약을 신청한다.

이와 동시에 판교 수혜 분양단지를 사전 답사를 통해 청약가치를 분석해야 한다. 진정 부동산으로 부자가 되고 싶다면 지금 코뿔소처럼 움직여 느끼고 돌격하라.

계약서 검인,
꼭 해야 하나?

구청 지적과

직거래 계약자

검인
접수번호 01234

부동산
매매
계약서

소유권이전등기를 신청하기 전에 계약서 검인을 해야 한다. 검인계약서 제도는 부동산 투기와 탈세를 방지하고 실체적 권리관계에 부합하는 등기신청을 하도록 해 부동산 거래질서를 확립하기 위한 것이다. 계약서 검인은 계약을 체결한 당사자 중 1인이나 그 위임을 받은 자가 신청하는 것이 원칙이다. 계약당사자 각자가 검인을 받는 것도 가능하다. 계약서를 작성한 부동산 중개업자 또는 변호사 법무사 등도 가능하다. 검인 신청자는 부동산 매매계약서 원본과 그 사본 2통을 관할 시군구 지적과에 제출해야 한다.

매매계약서의 검인신청을 받은 관할 시장, 군수, 구청장은 계약서 등에 형식적 요건을 갖췄다면 지체 없이 검인을 해 검인 신청인에게 교부해야 한다.

토지거래계약허가증 또는 주택거래계약신고필증을 발급받은 경우 검인을 받은 것으로 보기 때문에 따로 검인을 받을 필요가 없다.

검인을 받아야 하는 경우

❶ 매매, 교환, 증여계약서, 명의신탁해지약정서, 공유물분할계약서, 양도담보계약
❷ 명의신탁해지를 원인으로 하는 판결서, 집행력 있는 판결서, 확정판결과 동일한 효력이 있는 조서
❸ 가등기에 의한 본등기
❹ 재산분할판결에 의해 이혼당사자 중 일방이 그의 지분에 대한 농지소유이전등기를 신청할 때
❺ 공공용지취득협의서에 의한 소유권 이전
❻ 미등기건물에 대한 아파트분양계약서

검인을 받지 아니하는 경우

❶ 수용, 상속, 취득시효, 권리포기 등을 원인으로 하는 소유권이전
❷ 소유권이전 청구권 보전의 가등기
❸ 계약 일방당사자가 국가 또는 지방자치단체인 경우
❹ 매각 또는 공매를 원인으로 한 소유권이전등기
❺ 국토의 계획 및 이용에 관한 법률 제118조에 따라 허가증을 교부받은 때
❻ 소유권이전등기 말소신청의 등기원인증서가 매매계약 해제증서인 경우
❼ 진정명의 회복등기

부동산종합증명서를 아시나요?

바로 한 장으로
보내 드릴게요~

부동산 관련 서류를 발급받으려고 각종 공부의 등록관청을 이곳저곳 뛰어다녀야 했던 것은
옛말! 이러한 불편함을 원스톱 서비스로 해결하기 위해 나온 것이 바로 **'부동산종합증명서'** 다.
공인인증서만 있으면 언제 어디서든 서류를 뗄 수 있단 말씀~!

일사편리한 부동산 종합증명서에 대해 알아보자.

부동산종합증명서란?

지적, 건축물, 토지, 가격, 등기 등 부동산 관련 공부서류를 하나로 통합해 발급하는 증명서를 말한다. 부동산 관련 인허가를 받거나 대출을 받기 위한 필요서류 발급에 드는 시간과 비용을 줄이고 행정적인 낭비를 제거하고자 국토교통부에서 2014년부터 발급서비스를 운영하기 시작했다.

2014년도에는 등기정보를 제외한 15종의 정보만 제공되었으나 2015년부터 3종의 등기(토지, 건물, 집합건축물) 사항도 통합이 예정돼 있어 총 18종의 부동산 증명서류를 1건의 민원발급 증명서로 발급 가능해진다.

확인 가능한 내용은?

토지의 지목, 토지면적, 토지등급, 공시지가, 주택가격, 건물의 연면적, 건폐율, 용적률, 주차장 대수, 착공일자, 사용승인일자, 주용도, 주구조, 지붕, 층수, 토지소유자 내역, 건물소유자 내역, 지적도, 토지이용계획 내용, 경계점좌표 등록사항, 건물의 도면 등 토지와 건물에 관한 전반적 내용 확인이 가능하다.

발급은 어떻게?

모든 정보를 한눈에 보려면 종합형으로 발급받으면 되고 필요한 정보만 선택해 개별적으로도 발급 가능하다.

일사편리 홈페이지(http://kras.go.kr)를 이용하여 열람할 경우 '종합형'과 '맞춤형'이 모두 무료이고 발급 시 종합형은 1,000원, 맞춤형은 800원의 비용이 든다.

※ 주의!
등기를 할 땐 부동산종합증명서로는 할 수 없고 해당 부동산의 토지대장, 건축물대장을 각자 따로 발급받아 등기신청을 해야 한다.

청약률? 분양률? 계약률?

아파트 분양은 청약통장 가입자에게 우선 공급한다.

이때 청약통장 가입자의 선호도를 알 수 있는 게 바로
청약경쟁률(이하 청약률)이다.

청약률에서도 1순위 청약률이 중요하다.

1순위에 미달됐는데 2순위에 청약자가 몰려
청약률이 과대포장 되는 경우가 많기 때문이다.

추첨제 1순위 청약률이 중요하다

1순위 청약률 중에서도 추첨제 1순위 청약률이 매우 중요하다. 2016년까지 민영주택 전용면적 85㎡ 이하일 경우 전체 공급물량의 40%는 가점제로, 60%는 추첨제로 분양된다. 가점제는 동일 순위(청약 1, 2순위) 내에서 경쟁할 경우 무주택기간(32점), 부양가족 수(35점) 및 청약통장 가입 기간(17점)을 기준으로 산정한 가점점수가 높은 순으로 당첨자를 선정한다. 과거 무주택 우선 공급과 비슷하다고 보면 된다. 추첨제 1순위 청약률이 중요한 이유는 구매력 있는 실수요와 투자수요가 가세하기 때문이다. 추첨제 1순위 청약률만으로도 아파트 미래가치가 얼마나 있는지를 가늠할 수 있다. 청약률은 금융결제원 아파트투유(apt2you.com)에서 확인할 수 있다.

초기 분양률이 70% 넘어야 프리미엄 붙는다

청약률보다 더 중요한 게 바로 분양률이다. 계약률과 같은 말이다. 소비자 입장에서는 초기 분양률은 해당 아파트 미래가치를 거의 정확하게 알 수 있는 척도가 된다. 초기 분양률이 높다는 것은 아파트 미래가치가 높다고 것을 의미한다. 추첨제 1순위 청약률이 20대 1이 넘으면 초기 분양률은 통상 70%가 넘는다. 초기 분양률은 정당계약 시점 이후 3개월간 계약률로 보면 된다. 하지만 건설사가 공개하지 않아 일반인이 초기 분양률을 알기는 매우 힘들다. 다만 대한주택보증(대주보)이 2014년 3분기분부터 전국 30가구 이상 분양 단지 중, 대한주택보증으로부터 분양보증을 받고 입주자 모집을 시작한 민간 아파트를 대상으로 초기 분양률(청약 등 분양개시일 이후 3개월 초과~6개월 미만)을 제한적으로 공개하고 있다. 모델하우스에 분양대행사 영업직원이 있다면 미분양 물량이 30% 이상 남아있는 것으로 보면 된다. 분양률이 중요한 건 정당계약 이후 분양권 프리미엄과 직결되기 때문이다. 초기 분양률이 70% 이상 돼야 프리미엄이 붙는다. 그리고 분양률이 100% 되면, 소위 완판되면 프리미엄은 가파르게 오른다.

입주자 모집공고 빨리 보는 법

깨알같이 빼곡히 기재된
분양아파트 입주자 모집공고를 보느라 눈이 아팠다면….

이제 필요한 부분만 빠르고 정확하게 보자!

입주자 모집공고는 통상 사업개요를 시작으로 일정에 따라 접수, 발표, 계약, 입주의 순으로 구성되어 있다.

이러한 기본 구성을 이해한 다음 '입주자 모집공고'의 어느 위치에서 해당 정보를 찾을 수 있는지 안다면 보다 빠르고 정확하게 필요한 정보를 얻을 수 있다.

- (하나) 입주자 모집공고일 및 전매제한기간 등 단지 전체에 관한 법률사항은 첫 부분에 나온다.
- (둘) 공급형별 세대 수 및 공급가액은 상단 표에 기재된다.
- (셋) 특별공급의 세부 요건 및 가구 수는 상단 표 아래에 기재된다.
- (넷) 청약 일정은 접수, 발표, 계약의 순으로 모집공고 가운데 부분에 기재된다.
- (다섯) 입주 예정일은 공급형별 세대 수가 기재된 박스 우측 또는 계약 관련 사항 바로 아래에 나온다.
- (여섯) 발코니 확장 및 유의사항은 공고의 4분의 3지점 이후에 나온다. 참고로 유의사항은 법률적인 분쟁과 직결되므로 꼼꼼히 읽을 필요성이 있다.

➕ 플러스 TIPS

입주자 유의사항엔 이런 정보가!

입주자모집공고 마지막에 "기타" 또는 "참고사항"이나 "유의사항"이 기재되어 있다.

해당 단지의 주변 유해 시설이 있는지, 지하철 개통계획, 학교 개통 시기, 비행기 소음, 가스시설 등 주거환경에 영향을 끼칠 수 있는 항목을 제시하며, 이와 관련하여 사업주체 및 시공사에 일체의 책임을 지지 않는다고 명시되어 있다.

분양 상담 시 자세하게 설명을 해주지 않는 부분이고, 입주 후 민원을 시공사에 제기하더라도 해결이 어려우므로 청약자가 꼭 읽어야 하는 부분!

50

오피스텔, 1가구 2주택 적용되나요?

주거용 오피스텔

업무용 오피스텔

오피스텔땜시 1가구 2주택이 되면 안되는데…

최근 오피스텔 분양 열기가 뜨겁다. 하지만 오피스텔은 우리가 청약통장으로 분양받는 아파트와 다르다는 것을 알아야 한다.

오피스텔은 건축법에 따라 기본적으로 업무용 시설이다. 다만 주택법에 따라 주거용으로 사용할 경우 준주택으로 간주한다.

국토해양부는 △전용면적 85㎡ 이하로 △전용 부엌과 △목욕시설이 있는 화장실을 갖춘 곳을 주거용 오피스텔로 보고 있다. 반면 기획재정부는 오피스텔이 실제 주거용으로 사용하고 있다는 사실판단에 따른다.

주거용의 대표적인 사실판단 기준은 바로 전입신고다. 임차인이 주민등록 전입신고를 한 경우에는 주택으로 본다. 또 집주인이 업무용으로 사용하고 있다는 것을 입증하지 못할 때 주택으로 간주한다. 따라서 오피스텔 집주인이 1가구 2주택을 적용받지 않기 위해 세입자에게 전입신고를 하지 않는 조건으로 월세를 주는 경우가 많다.

집주인 대부분은 오피스텔을 분양받을 때 일반임대사업자 등록을 해서 오피스텔 분양가 중에서 건물가액의 10%를 국세청으로부터 부가세 환급을 받는다. 하지만 사업자등록을 하고 오피스텔을 10년 이내에 주거용으로 임대 또는 사용하다 적발되면 환급받은 부가세를 가산세를 더해 국세청으로부터 추징당하게 된다. 사업자로 등록한 오피스텔 집주인은 국세청으로부터 업무용으로 사용하고 있다는 증빙 서류를 제출하라고 요구받을 수 있으니 유의해야 한다.

1가구 2주택을 피하기 위해 오피스텔을 업무용으로 인정받는 확실한 방법은 집주인이 해당 오피스텔 주소로 임대사업자로 등록하고 개인사업자인 임차인에게 월세로 내놓는 것이다. 업무용 오피스텔도 양도차익이 발생했다면 양도소득세를 신고 납부해야 한다. 다만 업무용 오피스텔은 양도세 비과세 혜택이 없다. 물론 폐지됐지만 양도세 중과세도 없다.

한편 오피스텔을 주거용으로 임대하고 양도세 종합부동산세 부담을 피하기 위해선 주택임대사업자(매입임대)로 등록하면 된다. 전용면적 149㎡ 이하, 수도권 공시가격 6억 원(지방 3억 원) 이하의 주택(오피스텔 포함)을 1가구 이상을 매입하고 임대사업자로 등록하고 5년 이상 의무 임대하면 양도세 종부세 계산 시 주택수 합산에서 제외되는 혜택을 받을 수 있다.

51

전셋집 빨리 빼고 싶어요!

전셋집을 구한 지 1년쯤 지난 어느 날,
나조급씨는 뜻하지 않게 지방 발령을 받게 되었다.
한시가 급한데 한달이 넘도록 집을 보러 오는 사람들마다 시큰둥하다.
그의 고민을 듣던 친구가 기막힌 방법을 알려줬고
나조급씨는 그대로 실행한 결과,
일주일만에 계약이 되었다.

나조급씨처럼 해보세요!

● 가능하면 밝은 낮에 집을 보여준다. 낮 시간에 창문을 열어두면 집안이 환해 훨씬 넓어 보인다. 부득이하게 저녁시간에 보여주게 된다면 조명을 최대한 밝게 하자.

● 정리정돈을 깨끗이! 잡동사니는 창고에 넣어둔다. 같은 공간이라도 세간이 적은 집이 더 넓어 보인다. 일단 현관의 신발들부터 신발장 안에 집어넣어 보자.

● 대로변에 위치한 아파트라 외부소음이 심할 경우 창문은 닫아 둔다.

● 환기를 잘해서 나쁜 냄새를 없애고 손님이 오기 전, 좋은 향기가 나도록 방향제를 뿌려둔다.

● 최대한 많은 부동산에 전셋집을 내놓도록 한다. 집이 빨리 빠지길 원한다면 많이 보여주는 것이 좋다. 조금 귀찮더라도 집을 보러오는 손님들을 밝은 얼굴로 맞이하며 협조적인 태도를 취하자.

● 집주인과 원만한 관계를 유지한다. 평소에 집주인과 원만한 관계를 유지했다면 새 임차인을 구할 때 전세보증금이나 월세를 올리지 않도록 부탁하는 것도 수월해진다.

집주인이 전세를
싸게 내놓은 이유

시세보다
싸게
전세 놓습니다

전세금 손실
!!

과도한
담보대출

세입자

나전세 씨는 요즘 전셋집을 찾느라 정신이 없다. 그런데 직거래로 시세보다 싸게 나온 전세 아파트를 보고 계약을 할지 말지 고민에 빠졌다. 시세가 매매가는 2억2천만 원, 전셋값은 1억5천만 원인데 집주인이 직거래로 1억2천만 원에 전세를 내놓았다. 집주인이 전셋값에 신경 쓰고 싶지 않아 그냥 싸게 내놨다고 하는데 과연 사실일까?

집주인은 왜 시세보다 싸게 전세를 직거래로 내놓은 것일까?

이유는 바로 **담보대출**(9천만 원)이 너무 많기 때문이다. 최악의 경우 아파트가 경매로 넘어갈 경우 전세금을 다 돌려받지 못할 가능성이 있기 때문이다. 만약 경매로 넘어갔을 경우 감정가가 시세의 100%인 2억2천만 원이고 낙찰가율(감정가 대비 낙찰가 비율)을 90%로 가정해 과연 전세금을 안전하게 돌려받을 수 있을지 계산해보자.

낙찰가 1억9천8백만 원에서 근저당권을 설정해놓은 1순위 은행이 대출금 9천만 원을 먼저 배당받아간다. 남은 1억8백만 원이 세입자에게 배당될 것이다. 그러면 전세금 1억2천만 원에서 1천만 원 이상을 돌려받지 못하는 손실이 발생한다. 더욱이 감정가는 시세가 아니다. 현재 시세가 아니라 통상 입찰일 기준 3~4개월 전 시세다. 집값이 상승하는 시기에는 시세보다 감정가가 낮을 수밖에 없다. 또 낙찰가율이 90%가 아니라 80%라면 세입자의 전세금 손실규모는 더 커진다. 그래서 집주인이 1억2천만 원에 부동산 중개업소에 전세를 내놓아도 중개업자가 중개하지 않으려고 하는 것이다. 이 때문에 목돈이 필요한 집주인은 직거래로 시세보다 싸게 전세를 내놓은 것이다.

세입자는 시세보다 싸게 직거래로 나온 전셋집은 무조건 의심을 해야 한다. 직거래 계약을 하더라도 최소한 중개업소에 가서 계약서만 써주는 대필서비스라도 이용하는 게 안전하다. 또 계약하기 전 반드시 등기부 등본을 열람해 경매로 넘어가도 전세금 100%를 돌려받을 수 있는지 중개업소에게 조언을 받는 게 좋다.

53 새아파트 전세계약 시 주의할 점

전셋집을 찾다 지친 나전세 씨. 시세보다 싼 신규 입주아파트로 전세계약을 하려고 한다. 그런데 집주인이 전세금을 받아 새 아파트 잔금을 낸다고 한다. 입주 이후에도 한동안 미등기 상태라 불안하다. 새 아파트는 분양아파트 잔금을 100% 내기 전까지는 주택이 아니라 주택을 취득할 수 있는 권리, 분양권이다.

어떻게 하면 나씨가 안전하게 새 아파트로 전세계약을 할 수 있을까?

입주예정 아파트인 새 아파트의 경우 사용검사(임시사용승인)를 받으면 60일 이내에 입주지정 기간(통상 45일)이 확정된다. 또 입주 시작일 30일 전후에 입주자 사전점검을 거친다. 등기는 사용검사 후 시행사 명의로 일괄 소유권보존등기가 됐다 수분양자(집주인)에게 소유권이전등기가 된다. 아파트에 문제가 없는 한 사용검사 후 소유권이전등기까지는 2~3개월 걸린다. 새 아파트에 입주하는 세입자는 입주해도 등기할 때까지 집주인 명의의 등기부 등본을 열람할 수 없다. 따라서 재고아파트보다 전세사기 가능성이 높다. 그래서 전세 계약하기 전 꼼꼼하게 챙겨야 한다.

최근 전세난으로 분양계약서 등 공문서 확인이 어려운 공휴일에 계약을 하자며 전세사기를 치는 경우가 많다. 세입자의 불안 심리를 이용해 주말에 계약을 안 하면 계약을 하지 않겠다고 압박하는 경우가 있으니 각별히 주의해야 한다.

새 아파트로 전세계약을 할 때는 우선 새 아파트의 수분양자(또는 분양권 인수자)와 집주인이 동일한지를 확인하는 게 중요하다. 분양계약서 사본을 받아둔다.

이와 함께 시공사 또는 조합 등 시행사를 통해 소유권이전등기 시점까지 문제가 없는 분양권인지를 확인한다. 분양계약 해지 가능성은 없는지, 가압류 등 권리관계를 확인해야 한다.

집주인이 세입자의 전세금으로 새 아파트 잔금을 납부한다고 할 경우 부동산 중개업소가 책임지고 집주인이 잔금을 납부하고 등기신청을 하도록 해야 한다. 불이행 시 계약은 무효라는 특약사항을 작성한다. 새 아파트의 주택담보대출금과 전세금을 합친 금액이 매매가의 70%를 넘지 않는지 확인한다. 계약금은 반드시 집주인 명의의 계좌로 송금해야 한다. 미등기상태에서도 임차인은 입주와 동시에 전입신고를 하고 전세계약서에 확정일자를 받으면 대항력과 우선변제권을 취득할 수 있다.

54 아파트 저층, 장점은 뭔가요 ?

최근 아파트시장에서는 저층의 단점보다 장점이 부각되고 있다. 요즘 짓는 아파트는 주차장이 대부분 100% 지하인 데다 저층의 보안시설이 좋아지고 있기 때문이다. 또 분양가가 상대적으로 낮고 늘어나고 있는 노년층이 5층 이하 저층을 선호하고 있기 때문이다. 물론 사람에 따라, 주거스타일에 따라 저층 선호도는 차이 난다.

하지만 저층의 장점을 알고 역발상으로 투자든, 내 집 마련을 하면 어떨까?

우선 저층 아파트의 단점으로는 도난, 사생활 침해, 소음, 장마철 습기, 벌레 유입 등이 대표적이다. 그러면 저층 아파트 장점은 뭘까?

하나 땅의 기운을 받아 몸에 이롭다

사람마다 다르겠지만, 땅의 기운을 느끼려면 5층 이하가 좋다. 땅의 기운을 느껴야 몸에 좋다. 잔병치레를 하지 않는다. 특히 노약자나 고소공포증이 있는 사람에겐 저층이 좋다. 식물이 고층에서 잘 자라지 않는 데 반해 5층 이하 저층에선 잘 자라는 것을 보더라도 저층이 건강에 좋다.

둘 자연스럽다

정서적 안정감 또는 아늑함이라고 할까? 창밖으로 시시각각으로 변하는 계절의 변화를 알 수 있다. 눈높이로 푸르른 나뭇잎을 바라볼 수 있다. 먼 경치(조망)보다는 가까운 풍경이 자연스럽다. 새와 나비들도 찾아오니 스트레스에 시달리는 현대인에게 마음을 안정시킬 수 있다.

셋 소음이 아닌 소리가 들린다

소음이 나는 것이 아니라 소리가 들린다. 물론 누군가엔 소리가 소음으로 들릴 수 있겠지만 말이다. 저층에선 아이들이 밖에서 뛰어노는 소리, 나뭇결에 흔들리는 바람 소리, 새의 지저귐, 빗소리가 잘 들려 좋다. 반면 고층에선 소음이 들린다. 윙윙거리는 바람 소리에 자동차 소음이 야간에는 저층보다 심하다.

넷 층간소음 걱정이 없다

물론 1층에 해당되는 사항이다. 요즘엔 1층에 필로티 설계를 많이 해서 2층이

사실상 1층인 경우가 많다. 필로티 바로 위층에 산다면 아래층 눈치 볼 것 없이 마음 편히 살 수 있다. 특히 집에서 뛰어노는 아이들이 있는 경우 1층이 좋다.

🏃 엘리베이터로부터 자유롭다

출근할 때 엘리베이터를 탈 필요가 없어 고층보다 출근 시간을 5~10분 아낄 수 있다. 또 엘리베이터 사고에 있어 고층에 비해 안전하다. 엘리베이터가 고장 나 20층을 올라가거나 내려갈 생각 하면 끔찍할 것이다.

🏃 재해에 안전하다

화재나 지진 등과 같은 재해가 발생했을 때 저층 아파트는 대피시간이 짧다. 즉 신속하게 대피할 수 있다. 반면 고층 아파트는 대피시간이 길어 생명에 치명적일 수 있다. 5층 이상 저층의 경우 화재진압이 쉽지만 16층 이상 고층은 매우 어렵다.

이 밖에 쓰레기를 버릴 때 냄새가 나 옆 사람이나 엘리베이터에 배지 않을까 신경 쓰지 않아서 좋다. 또 저층은 이사하기가 편리하고 밖에 나가는 데 불편함이 없어 산책을 자주 하게 된다.

오윤섭의
부자노트

규제 강화시
최적의 매매 타이밍 잡는 법

부동산시장 침체기에 매입하기 힘든 것처럼 부동산 규제가 강화하는 시점에도 매입하기는 쉽지 않다. 하지만 투자대상이 내재가치에 비해 시장가격이 일시적으로 하락하는 타이밍이라면 과감히 매입하는 전략이 필요한 시점이기도 하다.

통상 정부에서 부동산 규제정책이 나오면 시장은 다음과 같이 반응한다. 주택시장의 경우 내 집 마련 매수세가 급격히 위축되면서 거래가 사실상 중단된다. 또 투자자들도 추가 하락을 기대하며 섣불리 매수에 나서려고 하지 않는다.

시장 정책의 실제적인 영향보다 언론 등에 의한 과장된 분석에 단기간 영향을 받는 게 현실이다. 이로 인해 돈이 급하거나 인내력이 부족한 보통 사람은 정책 발표 후 2~3개월이 지나면 급매물이라도 매물을 내놓게 된다. 또 일부 부동산 자산을 줄이고자 하는 주택 보유자들도 매물을 내놓긴 하는데 양은 많지 않다. 이런 상황에서 최적의 매수 및 매도 타이밍을 알아본다.

최적의 매수 타이밍
수요 억제에 초점을 맞춘 정책은 대부분 그 효과가 3개월을 넘기가 힘들다. 하지만 주택담보 대출 축소 또는 콜금리 인상에 따른 대출 이자 상승은 보통 사람에게 직접적인 타격을 가하기 때문에 수요가 위축될 수밖에 없다. 종합부동산세 등 보유세 부담도 마찬가지로 보면 된다. 그 효과는 점진적이다.

투자자는 규제정책 발표 이후 3개월간 시장동향을 매물 동향을 중심으로 예의주시해야 한다. 매물도 많지 않고 매수자도 많지 않는 상황은 규제정책이 발표하면 나타나는 통상적인 징후이므로 매수 타이밍을 앞당길 필요가 있다. 즉 아무리 늦어도 정책 발표 후 3개월 이내에 매입에 나서야 한다.

하지만 3개월 이후에도 매수세가 살아나지 않고 성수기에 매물이 쌓이기 시작하면 매수 타이밍을 좀 더 늦출 필요가 있다. 특히 이때는 성수기(8~9월, 2~3월) 때 최소한 한차례 이상 시장 상황을 지켜봐야 한다. 비수기에 이어 성수기에 연속적으로 매물이 쌓인다면 더욱더 시장을 주시해야 한다. 최악의 상황인 대세 하락을 감안해야 하기 때문이다.

이때 수비적인 투자자라면 또 한 번의 성수기까지 기다린 뒤 비수기 때 투자를 하는 게 일반적이다. 반면 적극적인 투자자라면 성수기 때 매물이 쌓인다는 것은 급매물이 나오고 실제 거래가가 하락한다는 의미이므로 성수기 직후 비수기 초기에 급매물을 매입할 필요가 있다.

최적의 매도 타이밍

먼저 단기적인 효과에는 머무는 수요 억제정책에 대해서 일희일비할 필요가 없다. 정책 발표 후 3개월 이내에 파는 우를 범해서는 안 된다. 정책에 따른 시장의 반응은 2단계를 거쳐 나온다. 대표적인 것이 정책발표 이후 시점이고 또 하나는 시행 시점이다.

이때 시행 이전에 팔 것인지, 시행 이후에 팔 것인지를 발표 후 3개월이 지나서 결정해야 한다. 만약 3개월 이후 성수기에 매물이 쌓이고 실제 가격하락이 이어진다면 다음 성수기 때 시행 전에 파는 것을 적극 고려해야 한다. 물론 이때 매도 대상은 내재가치가 수명을 다해 보유 가치가 떨어진 대상에 한한다. 하지만 자산 구조 조정을 위해 주택수를 줄일 경우 투자가치가 떨어지는 대상에 한한다.

내재가치가 있지만, 부득이 다른 이유로 매도를 해야만 한다면 정책 발표 후 3개월이 지나서 보통 사람보다 한 타임 빨리 팔 것인가, 아니면 한 타임 느리게 팔 것인가를 결정해야 한다.

대세하락이 아니라면 보통 사람이 팔 때는 보유하고 한 타임 느리게 매도하는 게 바람직하다.

슈바베 지수를 아시나요?
Schwabe index

최근 슈바베 지수가 오르면서 삶의 질이 떨어지고 있다고 한다. 그럼 슈바베 지수란 무엇일까? **슈바베 지수란 전체 수입에서 주거비가 차지하는 비중을 말한다.** 주거비에는 반전세, 보증부 월세 등 월세는 물론 상하수도비, 냉난방비, 주택 유지 및 수선비, 관리비를 포함한다. 주택상환대출금 이자와 상환비용도 포함된다. **주택과 직간접적으로 관련된 소비항목이 모두 포함된다고 보면 된다.**

슈바베 지수는 지난 1968년 독일 통계학자 슈바베가 베를린 시의 가계조사를 하면서, 소득이 증가할수록 주거비가 차지하는 비중은 줄어든다는 추이를 발견해 지수화한 것이다. 돈을 잘 벌어 더 좋은 집으로 옮겨가면 주거비 액수 자체는 오르지만, 전체 지출에서 주거비가 차지하는 비중은 낮아졌다는 것이다.

반면 돈을 잘 못 버는 경우엔 주거비 부담이 높아진다. 미국 등 선진국은 슈바베 지수를 빈곤 척도의 하나로 활용한다. 가난할수록 슈바베 지수가 높아진다는 게 바로 '슈바베의 법칙'이다. 슈바베 지수가 25%가 넘으면 빈곤층에 속한다고 본다. 도심의 슈바베 지수가 더 높다. 슈바베 지수는 20%가 적당하다. 슈바베 지수는 엥겔지수(식료품비 지출의 비중)와 함께 삶의 질을 보여주는 대표적인 지표다. 한국 슈바베 지수는 지난 2007년 9.71%를 바닥으로 2012년 10.4%까지 올라 상승세다. 특히 소득 하위 20%(소득 1분위)의 슈바베 지수는 같은 기간 2.4%포인트나 상승한 17.9%를 기록했다.

최근 슈바베 지수 상승은 전셋값 폭등과 관련이 있다. 전세는 보증금만 내면 월세 부담이 없다. 하지만 전셋값이 크게 오르고 전세물건이 반전세화, 월세화 되면서 세입자가 전세자금을 대출을 받거나 월세로 내몰리고 있다. 대출 이자 및 월세 부담이 늘어나니 슈바베 지수가 높아지는 것이다.

슈바베 지수를 낮추기 위한 대표적인 방법으로는 정부나 지방자치단체가 공공임대주택을 지속적으로 공급하는 것이 있다.

56

요즘 뜬다는 알파룸이 뭐지?

알파룸

최근 아파트 분양시장에서 **알파룸**이 뜨고 있다.
특히 **중소형**에 **알파룸**이 대세가 되고 있다.
같은 주택형이라도 전용면적 외에 서비스면적이 넓을수록 분양이 잘된다.
따라서 서비스면적을 극대화한 알파룸이 필수가 되고 있다.

주택건설사들은 2000년대 들어 서비스면적을 넓히기 위해 베이(bay. 전면 발코니와 접한 거실과 방의 숫자) 경쟁을 했다.

발코니 폭은 1.5m 이내로 제한돼 있기 때문에 발코니 면적을 넓히려면 베이 수를 늘려 집을 옆으로 길게 만들어야 한다. 4베이가 3베이보다 발코니가 길어 서비스면적이 3~4평 더 많다. 통풍 채광 조망도 더 좋다.

그러나 발코니가 길어지고 확장되면서 방과 방 사이, 거실과 방 사이, 주방과 거실 사이 내부 공간에 자투리 공간이 많이 생겼다.

2010년대 들어 건설사들은 아파트 평면설계에서 자투리 공간을 효율적으로 사용하기 위해 알파룸을 도입했다. 발코니 확장과는 달리 추가비용 없이 덤으로 주는 공간이라 청약자들에게 인기를 끌었다.

알파룸은 드레스룸, 서재, 공부방, 팬트리(식품을 저장하는 주방 창고), 다실, 와인바 등으로 활용되고 있다. 알파룸은 전용면적 85㎡ 안팎 중대형은 물론 60㎡ 이하 소형에서도 볼 수 있다.

알파룸은 룸 인 룸(room in room)으로 진화하고 있다. '베타룸'으로도 불리는 안방 알파룸의 경우 공간이 넓어 드레스룸, 서재로 활용된다. 또 자녀방 내에 별도 공부방이나 독서방으로 꾸민다.

무주택세대구성원이란?

2015년 2월 27일부터 주택청약에서 무주택세대주 요건이 무주택세대구성원으로 완화됐다. **무주택세대구성원만 우선 청약할 수 있는 주택은 공공임대와 공공분양 아파트로 보면 된다.** 구체적으로는 국민임대 공공임대 영구임대 등 임대아파트와 장기전세까지 포함된다. 또 분양 주택의 경우 공공분양은 물론 다자녀, 노부모 봉양, 신혼부부 등을 대상으로 하는 민영주택 특별분양 분도 무주택세대구성원 요건을 갖춰야 한다.

무주택세대구성원 요건

- 청약자가 속해 있는 세대별 주민등록표상의 세대주, 세대주의 배우자 및 직계존비속 전원
- 청약자와 동일한 세대별 주민등록표상에 등재돼 있는 청약자의 배우자
- 청약자와 동일한 세대별 주민등록표상에 등재돼 있지 않은 청약자의 배우자
- 청약자와 동일한 세대별 주민등록표상에 등재돼 있는 청약자의 직계존비속
- 청약자와 동일한 세대별 주민등록표상에 등재돼 있지 않은 청약자의 배우자와 동일한 세대를 이루고 있는 청약자의 직계존비속

청약저축(주택청약종합통장 포함)에 가입한 무주택세대구성원 1명은 1세대 1주택 공급원칙에 따라 공공분양 공공임대 등에 1~2순위로 우선 청약할 수 있다. **무주택세대구성원 요건을 갖췄다면 무주택세대구성원의 무주택 기간을 따져 봐야 한다.** 공공분양의 경우 무주택세대구성원으로서 청약자가 최소한 3년 이상 무주택기간 요건을 갖춰야 우선 청약할 수 있다. 만 30세 이상 또는 혼인신고일로부터 무주택기간을 계산한다. 다만 과거 주택을 보유한 적이 있는 부부의 경우 부부 중 무주택기간이 짧은 경우를 무주택기간으로 산정한다. 민영주택에 청약가점제로 청약할 경우에도 역시 똑같은 기준으로 무주택기간을 계산한다.

58 보증금 증액해 재계약 시 주의할 점!?

전셋집 구하기가 하늘의 별따기만큼 어려워지자 세입자들의 재계약도 늘어나고 있다.
2년 전에 비해 전셋값이 많이 올랐으니 집주인은 보증금을 올려달라고 하는데….

증액된 보증금,
안전하게 지키려면 어떻게 해야 할까?

원계약서와 별도로 증액분에 대한 계약서를 따로 작성하는 경우

증액계약서를 작성한 후 확정일자를 받아 원계약서와 함께 보관한다. 확정일자를 받은 날부터 증액분에 대해 후순위권리자보다 우선변제 받을 수 있으므로 계약서 작성 전에 등기부등본으로 선순위 권리관계를 파악해두는 것이 좋다.

기존계약서에 특약으로 재계약임을 명시하는 경우

이때도 반드시 증액분에 대한 확정일자를 받아야 하고, 특약란에는 기존계약의 연장계약이라는 점과 증액된 금액을 명시해둔다.

예) 전세보증금 금오천만 원을 증액하여 재계약하는 조건이며, 기간은 00년 ××월 △△일부터 △△년 00월 ××일까지로 함.

전체 금액에 대한 계약서를 새로 작성하는 경우

전체 보증금에 대한 새 계약서를 쓰는 것은 세입자 입장에서 대단히 위험한 일이니 피하는 편이 좋다. 계약서를 쓰는 시점으로 순위가 뒤로 밀리기 때문에 선순위 근저당이 있다면 보증금을 보전받지 못할 수도 있다.

무주택기간이 중요한 이유

청약자의 무주택기간이 갈수록 중요해지고 있다. **분양시장이 뜨거워지면서 가점제로 당첨자를 선정할 경우 무주택기간의 가점에 따라 당락이 좌우되기 때문이다.** 민영주택 전용면적 85㎡ 이하 청약 시 공급 물량의 40%를 가점제, 60%를 추첨제로 당첨자를 선정하고 있다. 하지만 2017년부터는 특별한 사유가 없는 한 민영주택은 100% 추첨제로 당첨자를 선정할 예정이다. 따라서 무주택 청약자라면 2016년까지 서둘러 당첨 받는 게 유리하다. 가점제 청약 시 우선 청약자는 본인이 무주택에 해당되는지를 확인해야 한다. 무주택 가점(최고 32점)을 받으려면 입주자모집 공고일 기준으로 청약통장 가입자와 동일한 주민 등록표상에 등재된 세대원 전원이 무주택이어야 한다. 또 세대원에는 배우자 및 직계존비속과 배우자의 직계존속도 포함된다. 세대원이 가입자와 동일한 주민등록표에 등재돼 있지 않은 경우에도 가입자의 배우자 및 배우자와 동일한 세대를 이루고 있는 세대원도 포함되며 전원이 무주택이어야 한다.

주택을 소유해도 다음 조건을 갖추면 무주택으로 간주된다.

- 상속으로 인한 주택의 공유지분을 청약당첨 부적격자로 통보받은 후 3개월 이내에 그 지분을 처분한 경우
- 면의 행정구역(수도권은 제외) 등에 사용검사 후 20년경과 또는 85㎡ 이하 단독주택 등이 있으나, 다른 지역으로 이전한 경우
- 개인 주택사업자가 주택을 분양 완료하였으나, 청약당첨 부적격자로 통보받은 후 3개월 이내에 처분한 경우
- 개인사업자가 근로자 등의 기숙사를 지어 소유한 경우
- 20㎡ 이하 주택을 소유한 경우. 다만 2호 또는 2세대 이상의 주택을 소유한 자는 제외.
- 만 60세 이상의 직계존속(배우자의 직계존속 포함)이 주택을 소유하고 있는 경우
- 건축물대장 등에 주택으로 등재돼 있으나 폐가·멸실·주택 이외 용도로 사용되고 있는 경우로서 청약당첨 부적격 통보를 받은 후 3개월 이내에 공부(公簿)를 정리한 경우
- 무허가 건물을 소유하고 있는 경우

이와 함께 2015년 2월 27일부터는 입주자모집공고일 현재 전용 60㎡ 이하, 주택가격(공시가격) 8천만 원(수도권은 1억3천만 원) 이하인 소형 저가주택을 1호 또는 1세대만을 소유한 청약자(배우자 포함)는 가점제 적용 시 무주택으로 본다.

청약자가 무주택에 해당된다면 이어 무주택기간을 따져봐야 한다. 무주택기간은 입주자모집 공고일을 기준으로 청약자와 배우자의 무주택기간을 계산한다. 청약자 나이가 만 30세가 되는 날부터 무주택기간을 산정한다. 다만 청약자가 만 30세 이전에 혼인한 경우는 혼인신고일로부터 계산한다. 청약자 또는 배우자가 과거 일정 기간 주택을 소유하다 처분한 경우에는 처분한 후 최근 무주택자가 된 이후부터 무주택기간을 계산한다.

무주택 및 무주택기간 계산 잘못으로 부적격 당첨자로 확정될 경우 당첨일로부터 3개월 동안 청약통장을 사용할 수 없다.

60 아파트 매매 대출 승계할 때 주의할 점

아파트 매매 시 대출승계는 매수자가 기존 대출을 그대로 안고 채무자만 바뀌는 것이다. 은행 등 금융기관에서는 채무를 인수하는 매수자의 신용도에 따라서 대출조건을 심사해 문제가 없으면 채무 인수, 즉 대출승계를 진행한다. 매수자는 기존대출 금리와 중도상환 수수료 조건 등을 확인하고 신규대출과 비교해 대출승계를 결정하는 게 좋다. 금리가 오를 때는 기존 대출금리가 낮기 때문에 대출승계가 유리하다. 똑같은 대출조건이라도 매수자의 신용도가 매도자보다 좋다면 싼 금리로 신규대출을 받는 게 유리하다. 담보대출의 거치기간 및 중도상환 수수료도 따져봐야 한다.

대출승계는 신규 주택담보대출을 신청하는 것과 동일한 절차를 거친다. 매수자와 매도자가 은행에 가서 채무 인수 신청을 하는 것이 좋다. 채무 인수 신청이란 매수자에게 대출 승계가 가능한지, 매수자의 신용도에 문제가 없는지 등을 점검하는 절차다.

> 금융기관에 채무 인수 신청 ◑ 채무 인수자 서류 접수 ◑ 채무 인수 심사
> ◑ 채무 인수 승인 ◑ 채무 인수 실행 및 근저당 설정 변경

매수자가 대출 승계할 때 주의할 점

하나 매수자는 매매계약을 하기 전 근저당권 채권최고액과 실제 채무 금액을 확인한다. 또 매수자의 승계 조건과 가능 여부를 해당 은행에 확인한다.

둘 매수자는 잔금을 지급하기 전 매도자에게 은행에서 발급한 담보 아파트의 피담보채무범위 확인서를 받아오도록 한다. 피담보채무범위 확인서란 채무자의 동의를 받아 근저당권이 설정된 부동산 담보효력이 미치는 대출내역을 서면으로 알려주는 것이다. 근저당 설정 외에 숨겨진 담보책임을 확인하기 위한 것이다. 매도자(채무자)가 직접 발급을 신청할 수 있다.

또 매수자가 신청할 경우에는 매도자로부터 받은 금융거래 제공 동의서를 제출해야 한다.

셋 매수자는 채무 인수(대출승계) 즉시 매도자와 함께 은행에 가서 명의변경을 해야 한다. 명의변경을 하지 않고 소유권이전등기를 하면 매도자의 추가 채무까지 모두 변제해야 하는 피해를 입을 수 있다.

한눈에 보는 전매제한 및 거주의무기간

구분		시세	전매제한 기간		거주의무
수도권	개발 제한구역 해제 공공택지 (85m₂이하)	70% 미만	공공주택	6년	3년
			민영주택	3년	–
		70~85% 미만	공공주택	5년	2년
			민영주택	2년	–
		85~100% 미만	공공주택	4년	1년
			민영주택	1년	–
		100% 이상	공공주택	3년	–
		공공택지	85m₂이하	1년 (투기과열지구 5년)	–
			85m₂초과	1년 (투기과열지구 3년)	–
	그 외 지역	민간택지	면적무관	6개월 (투가과열지구 3년)	–
지방		공공택지		1년 (투기과열지구 3년)	–
		민간택지		–	–

정부의 부동산 살리기 정책에 분양시장이 들썩이면서
전매제한 기간에 대한 관심도 높아졌다.
그렇지만 같은 지역 내에서도 1년, 6개월,
심지어 3년까지 전매제한 기간이 다양해 알쏭달쏭 헛갈리기만 하다.

완화된 전매제한 및 거주의무기간을 한눈에 들여다보자!

전매제한기간

❶ **수도권** : 개발제한구역을 50% 이상 해제해 조성한 공공택지 내 주택의 전매제한 기간은 다음과 같이 완화됐다. 시세 대비 분양가 비율이 70% 미만인 경우, 공공주택은 전매제한기간이 8년에서 6년, 민영주택은 5년에서 3년으로 줄었다. 70~85% 미만인 경우, 공공주택은 6년에서 5년으로, 민영주택은 3년에서 2년으로 줄었다. 85~100% 미만인 경우에 공공주택은 4년으로 기존과 동일하며, 민영주택은 2년에서 1년으로 전매제한기간이 줄었다. 시세대비 분양가 비율이 100% 이상인 경우 공공주택은 4년에서 3년으로 완화됐다. 그 외 지역에서 분양가상한제 적용주택의 경우 공공택지 85㎡ 이하 또는 85㎡ 초과 모두 전매제한기간이 1년이다. 단, 과밀억제권역 투기과열지구일 경우 85㎡ 이하는 전매제한 5년, 85㎡ 초과는 3년이 적용된다. 민간택지는 면적과 무관하게 6개월이 적용된다.

❷ **지방** : 분양가상한제 적용주택의 경우 공공택지는 1년(투기과열지구의 경우 3년)의 전매제한기간이 있으며 민간택지는 바로 전매 가능하다.

거주의무기간

수도권 개발제한구역을 50% 이상 해제해 조성하는 공공택지 내 분양하는 보금자리주택 거주의무기간도 짧아진다. 시세 대비 분양가 비율이 70% 미만은 거주의무기간이 5년에서 3년으로, 70~85% 미만은 3년에서 2년으로, 85~100% 미만은 1년의 거주의무가 있다.

62 주택청약에서 당첨 취소되는 경우

주택청약에 열심인 나낙첨 씨는 무려
100대 1의 청약경쟁률을 뚫고 아파트에 당첨됐다.
그러나 기쁨도 잠시,
당첨 취소 통보를 받았다. **왜?**

당첨자 발표일이 같은 경우

나씨가 청약한 2곳의 청약접수일은 달랐지만 당첨된 2곳의 당첨자 발표일이 같았기 때문이다. 당첨이 취소되지 않으려면 당첨자 발표일이 달라야 한다. 2곳 이상 복수청약을 하고 당첨자 발표일이 같으면 이중당첨으로 당첨취소가 된다. 당첨자 발표일이 다를 경우 청약접수일이 같아도 동시에 청약할 수 있다. 중복 당첨되면 당첨자 발표일이 이른 아파트만 당첨으로 인정된다. 당첨자 발표일이 느린 아파트 당첨은 자동 취소된다.

계약을 하지 않은 경우

1, 2순위로 청약해 당첨되고 아파트나 동호수가 마음에 들지 않아 계약을 포기한 경우다. 이때도 당첨취소로 본다. 청약통장을 다시 사용할 수 없다. 또 재당첨제한도 적용받는다.

당첨자 계약 포기로 인해 미계약 물량의 동 호수 배정 추첨에 참가해 당첨된 예비당첨자도 계약체결 여부와 관계없이 당첨자로 인정된다. 청약통장을 다시 사용할 수 없고 재당첨제한도 적용된다.

재당첨제한 기간에 청약한 경우

분양가상한제가 적용되는 주택에 당첨된 당첨자와 당첨자의 배우자, 세대원은 재당첨제한을 받는다. 2015년 3월 현재 분양주택(분양전환 임대주택 포함)에 대한 재당첨제한 기간은 수도권 과밀억제권역의 경우 전용면적 85㎡ 이하 5년,

85㎡ 초과는 3년이다. 그 외 지역은 각각 3년, 1년이다. 재당첨제한 기간은 당첨자 발표일이 기준이 된다.

단, 투기과열지구를 제외한 민영주택은 재당첨제한을 받지 않는다. 따라서 공공분양(LH공사, 경기도시공사, SH공사 등 공공기관이 직접 분양하는 아파트)에 대해서만 재당첨제한을 받는다. 예를 들어 청약통장 가입자가 2014년 3월 서울에서 분양가상한제가 적용된 아파트 전용 84㎡를 당첨 받았다면 2019년 3월까지 전국 공공분양 아파트에 1~2순위로 청약할 수 없다. 당첨되더라도 당첨취소가 된다.

지역우선공급 기간을 위반할 경우

입주자모집공고의 '신청자격 및 공급일정'에는 '우선공급과 일반공급' 사항이 있다. 주택 유형별로 지역우선공급 기준이 나와 있다. 지역우선공급 요건은 주택시장 상황에 따라 지방자치단체장이 정할 수 있다. 입주자모집공고일을 기준으로 통상 '현재', '3개월 전', '6개월 전', '1년 전' 등으로 구분된다. 이를 잘못 알고 청약하면 부적격 당첨자로 분류돼 당첨이 취소된다.

한편 불법전매를 하다 적발된 경우 매도자(수분양자)는 물론 매수자까지 주택법에 의해 3,000만 원 이하 벌금을 내야 한다. 분양계약 역시 취소된다. 또 최대 10년간 청약자격이 제한될 수 있다.

이 밖에 당첨 취소되는 경우

- 청약자가 인터넷 청약내용을 잘못 입력해 당첨자로 결정된 경우. 특히 무주택기간 등 청약가점제 점수를 잘못 입력해 당첨자로 결정된 경우
- 청약신청 시 제출한 서류가 사실과 다름이 판명된 경우
- 주민등록법령 위반, 청약 관련 서류 변조 및 도용, 공급신청서 기재사항 허위 및 청약통장 등을 타인 명의로 가입한 자의 청약통장 등을 사실상 양도받아 주택공급신청 및 계약한 경우

부적격 당첨자로 통보받더라도 기간 내에 서류를 제출해 소명할 경우 계약을 체결할 수 있다. 계약 포기자와 마찬가지로 부적격 당첨자는 당첨 받은 것으로 간주돼 재당첨제한이 적용되며 청약통장도 재사용할 수 없다.

전세계약 중도 해지하는 법

아파트에 전세를 살다 갑자기 이사하는 경우가 종종 있다.
전세계약 만료를 앞두고 싸고 좋은 전세물건이 나왔다거나 아니면
분양받은 새 아파트 입주가 전세계약 만료 전에 시작되는 경우가 대표적이다.
또 갑자기 직장을 옮겨 이사를 가야 하는 경우도 있다.

**집주인과 갈등 없이 아파트 전세계약을 중도해지하고
이사 가려면 어떻게 해야 할까?**

● 1단계: 중도해지를 집주인에게 알린다

전세계약 만료 전 중도해지를 하려면 우선 집주인에게 알려 양해를 구하고 동의를 받는 게 중요하다. 특약사항에 명기하지 않는 한 중도해지를 하는 세입자가 새로운 세입자를 구해 전세금을 받아 이사를 가야 한다. 다만 2년 계약이 지나 자동 연장되는 묵시적 갱신의 경우 계약해지를 통고하고 3개월이 지나면 전세계약이 만료돼 집주인이 전세금을 돌려줘야 한다. 중도해지 시 부동산 중개수수료는 위약금 조로 중도해지를 한 세입자가 부담하는 게 관행이다. 다만 묵시적 갱신인 경우 집주인과 새로운 세입자가 중개수수료를 부담해야 한다는 판례가 있다.

● 2단계: 중개업소에 아파트를 내놓는다

이전에 전세계약을 했던 중개업소를 이용하는 게 편리하다. 새 전셋집도 구해달라고 하면 중개수수료를 조금이라도 절약할 수 있다. 이때 주의할 점은 집주인이 전세금을 올려 내놓는 경우다. 이럴 경우 종전 전세금에 해당하는 중개수수료만 세입자가 부담하면 된다. 나머지는 집주인이 수수료를 부담한다. 또 집주인이 전세가 아닌, 반전세나 월세로 내놓을 경우 최대한 협조해 전세금을 하루빨리 받아내는 쪽으로 타협하는 게 좋다.

● 3단계: 전세금을 빼는 게 우선이다

중도해지는 세입자는 집을 빼고 나가는 게 우선이다. 묵시적 갱신이 아니라면 집주인의 동의를 받아 새로운 세입자를 구하고 나갈 수밖에 없다. 세입자는 중도해지를 하려는 아파트가 먼저 계약되고 나서 새로 이사 갈 아파트를 계약해야 한다. 새로운 세입자가 나타나 계약할 경우 집주인과 중개업소에게 이사 일정을 고려해달라고 요청한다. 전세계약이 이뤄졌다면 집주인에게 전세금의 10%를 계약금으로 받는 게 좋다. 그리고 집주인에게 영수증을 써줄 때 영수증에 이사 날짜를 표기하는 게 좋다. 이사 날짜에 전세계약을 중도해지를 하고 전세금을 돌려받는다는 약속을 명시하는 효과가 있기 때문이다.

남이 살 때 사고
남이 팔 때 파는 건 바보짓이다

규제 일변도의 참여정부 부동산정책에 대한 국민들의 반응은 다양하다. "이제 부동산에 투자하는 시대는 끝났다" "적어도 참여정부에서는 부동산 투자를 포기하는 것이 낫다." "재건축 투자도 이제 불가능해진 것 아니냐" "내 집 마련도 서두를 필요 없이 천천히 해야되는 것 아니냐" 등 자조 섞인 또는 불만스러운 반응을 보이고 있다.

하지만 참여정부의 비정상적인 부동산시장에서도 부동산 투자로 높은 수익을 올리는 사람은 있다. 이런 사람은 어떤 사람일까? 그런 사람은 바로 조지 소로스처럼 다수의 의견에 따르지 않고 자신의 판단에 따라 투자하는 사람이다. 부동산 투자도 남을 따라 해서는 결코 부자가 될 수 없다.

돈을 쫓아다녀서는 절대로 부자가 될 수 없다. 돈이 몰리는 길목을 지키고 서 있어야 한다. 그러면 돈이 몰리는 길목이 어디인지를 어떻게 알 수 있을까?

넓은 의미로는 자신과 삶과 일에 대한 열정, 다른 사람에 대한 열정을 가지고 있어야 길목이 어디인지 알 수 있다. 또 좁은 의미로는 부동산 투자에 대한 열정이 있어야 돈이 몰리는 부동산에 남보다 빨리 투자할 수 있다. 부동산 투자가 일상생활이며 내가 정말 하고 싶은 일이라는 열정이 있어야만 부동산으로 부자가 될 수 있다.

단순히 자산증식을 위해 돈을 좇아 투자해서는 손실을 입기가 다반사고 수익도 미미한 경우가 대부분이다. 특히 매도 또는 매수 타이밍이 너무 빠르거나 늦어 수익을 올리지 못한다.

단순히 돈을 벌기 위해서 부동산에 투자하겠다는 것이 아니라 '부동산 투자'라는 일에 열정을 바쳐야 부동산으로 부자가 될 수 있다. 즉 열정이 시킨 대로 하니 저절로 돈(수익)이 따라오게 해야 한다는 것이다.

이럴 때 가치투자가 가능하다. 정책이나 경기 등 변수에 따라 바뀌는 시장 상황에 일희일비(一喜一悲)할 것이 아니라 자기만의 눈으로 시장을 날카롭게 들여다보는 것이다. 그리고 자신의 판단과 이론에 따라 행동하는 것이다. 그것이 비록 소수의 의견으로 불안하더라도 뚝심 있게 실행하는 것이다.

남이 살 때 사고 남이 팔 때 파는 것은 누구나 다 할 수 있는 것이다. 결코 이래서는 부동산으로 부자가 될 수 없다. 남보다 한 발짝 빨리 실행할 수 있는 '힘'을 키워야 한다. 부동산에 투자해서 부자 된 사람 중 운이 좋아서 부자 된 사람도 있을 것이다. 하지만 3분의 2는 부동산 투자에 대한 끊임없는 열정을 가진 사람들이라고 생각한다.

부동산 고수들은 지금도 투자대상과 매입 타이밍을 잡느라 오늘도 고군분투하고 있다는 것을 명심해야 한다. 다음은 부동산 투자에 열정이 있는 사람들의 특징이다. 열정이 없다면 아예 시작하지 않는 게 낫다.

재계약과 묵시적 갱신

임차인이 아파트 등 주택에서
전·월세 계약을 하고 살다 재계약을 하는 경우가 많다.
하지만 다시 계약서를 작성하는 재계약과
구두로 계약을 자동 연장하는 묵시적 갱신은
법적인 효력이 다르다.

그럼 재계약과 묵시적 갱신은 어떻게 다를까?

묵시적 갱신이란 계약이 만기 돼도 임대인과 임차인 사이 아무런 말이 없이 만기일이 지나간 경우를 말한다. 만기 1개월 전까지 양쪽이 말을 하지 않으면 자동연장된 것으로 본다.

재계약은 만기일 전 임대인과 임차인이 새로 협의해 계약서를 작성하고 연장한 경우를 말한다. 전세금을 올려 재계약하는 경우가 대표적이다.

주택 임대차보호법에 따르면 묵시적 갱신이란 임차인이 임대차기간 1개월 전까지 임대인에게 통지하지 않거나 임대인이 임대차 만기 6~1개월 전까지 임차인에게 갱신거절 또는 재계약을 통지하지 않고 만기일이 지난 경우 전 임대차계약서와 동일조건으로 자동연장 된 것으로 간주한다. 즉 임대차 존속기간이 2년으로 간주한다.

임차인은 묵시적 갱신일 경우 임차인은 임대인에게 해지통보 후 3개월 후에 나갈 수 있다. 다만 임차인이 의무를 현저히 위반했거나 월세를 2회 이상 연체한 경우 계약해지를 주장할 수 없다. 재계약은 임차인이 계약을 일방적으로 해지할 수 없다. 임대인이 동의하지 않는 한 계약 기간을 지켜야 한다.

다시 정리하면 묵시적 갱신일 경우 주택 임대차보호법에 '임차인은 언제든지 임대인에게 계약해지를 통지할 수 있다'고 돼 있다. 따라서 임대인에게 계약해지를 통지하고 3개월이 지나면 보증금을 돌려받고 이사를 갈 수 있다.

반면 임대인은 묵시적 갱신이면 일방적으로 계약해지를 할 수 없어 2년간 임대차계약에 묶이게 된다. 따라서 임대인은 재계약이, 임차인은 묵시적 갱신(자동연장)이 유리하다. 중개수수료는 묵시적 갱신의 경우 임대인이 부담하지만, 재계약을 하고 만기 전 계약을 해지할 경우 임차인이 부담한다.

패시브하우스,
Passive house

그게 뭐지?

**친환경
패시브하우스**

패시브하우스의 장점은…
1. 지구 온난화 방지
2. 에너지 절감
3. 쾌적성
4. 경제성

패시부하우스 장점	하나, 지구 온난화를 방지한다.
	둘, 에너지가 80% 이상 적게 든다.
	셋, 공기가 쾌적하다.
	넷, 기름값이 오를수록 경제성이 뛰어나다.

패시브하우스(Passive house)는 에너지가 밖으로 빠져나가는 것을 최대한 막는 집이기 때문에 수동적(passive)이라는 이름을 붙였다. 패시브하우스는 전기, 석유, 나무 등 추가적인 열원을 사용하지 않고 냉난방을 하기 때문에 친환경 주택이다. 보일러, 에어컨 등 추가적인 장치 없이 환기를 통해 실내를 겨울에는 따뜻하게, 여름에는 시원하게 유지시켜 주는 집이다. 이를 위해 땅속의 냉온기를 활용한다. 패시브하우스는 집안의 열이 밖으로 새나가지 못하도록 해 에너지 손실을 최대한 줄인다. 3중 유리창을 설치하고 단열재도 일반주택에서 사용하는 두께의 3배인 30cm 이상 유리를 사용한다.

1988년 독일 건설물리학자 볼프강 파이스트와 스웨덴 룬드대학 교수 보 아담손이 제안해 1991년 독일 다름슈타트에서 처음으로 패시브하우스를 지었다. 이후 유럽에서는 대중화된 주택이다.

패시브하우스로 인정받으려면 연간 난방에너지가 건물 ㎡당 15kWh를 넘어서는 안 된다. 냉난방, 온수, 전기기기 등 1차 에너지 소비량이 연간 ㎡당 120kWh 미만이어야 한다. 또 문을 닫은 집에서 공기가 새어나가는 양이 50Pa 압력에서 실내공기 부피의 60% 미만일 정도로 기밀성을 확보해야 한다. 이럴 경우 바깥온도가 영상 35℃일 때 실내온도가 26℃를 넘지 않는다. 또 바깥온도가 영하 10℃일 때도 난방시설이 필요하지 않게 된다. 패시브하우스 건축비는 유럽에선 일반 주택에 비해 5~8% 더 든다. 하지만 국내에서는 30% 정도 더 든다고 한다. 자재가 대부분 수입품인 데다 기밀성과 단열, 열 손실 차단을 하는 기술이 아직 대중화되지 않았기 때문이다. 패시브하우스의 장점으로는 우선 지구 온난화를 방지한다는 점이다. 또 난방비 등 에너지가 80% 이상 적게 든다. 특히 겨울 난방비를 95% 이상 줄일 수 있다. 여름에 쉽게 더워지지 않고 공기가 쾌적하다. 기름값이 오를수록 경제성이 뛰어나다는 것이다.

가족만 전입신고 해도 되나요?

나임차 씨는 서울에서 대학에 다니는 아들의 원룸 임대차계약을 하려고 한다. 그런데 나씨 아들 명의로 계약을 하지 않고 본인 명의로 계약을 할 계획이다. 나씨는 지방에 살고 있어 주민등록을 옮기지 않으려고 한다.

이럴 경우 나 씨는 임대차계약에 대한 법적인 보호를 받을 수 있나?

특히 법원 경매 시 대항력을 인정받을 수 있나?

대법원 판례를 보면 "주택 임대차보호법 제3조 제1항에서 규정하고 있는 주민등록이라는 대항요건은 임차인 본인뿐만 아니라 그 배우자나 자녀 등 가족의 주민등록을 포함한다."고 돼 있다. 위 판례를 보고 임차인은 전입신고를 하지 않더라도 실제 거주하는 가족만 전입신고를 해도 대항력을 유지할 수 있다고 생각하는 경우가 종종 있다. 하지만 이는 잘못된 생각이다. 다음 판례를 보자.

— "주민등록은 임차인 본인뿐만 아니라 그 배우자나 자녀 등 가족이나 전차인 등 점유보조자의 주민등록을 포함하며, 주택 임차인이 그 가족과 함께 그 주택에 대한 점유를 계속하고 있으면서 그 가족의 주민등록을 그대로 둔 채 임차인만 주민등록을 일시 다른 곳으로 옮긴 경우라면 전체적으로나 종국적으로 주민등록의 이탈이라고 볼 수 없는 만큼 임대차의 제삼자에 대한 대항력을 상실하지 아니한다."

풀어쓰면 임차인 본인이 늦게 전입신고를 하거나 전입신고를 했다가 일찍 주민등록을 옮기는 경우에도 대항력이 유지된다는 것이다. 그러나 가족 전입신고 전후에 임차인 본인이 아예 전입신고를 하지 않는 경우에도 대항력이 유지된다는 판례는 아직까지 없다.

따라서 확실하게 대항력을 유지하려면 임차인이 전입신고를 하는 게 안전하다. 나 씨가 아들의 원룸 임대차계약을 가장 안전하게 하는 방법은 원룸에 직접 거주하는 아들의 이름으로 계약서를 작성하고 아들이 전입신고를 하는 것이다. 이것이 가장 확실하게 대항력을 유지하는 방법이다.

다운계약서를 썼다 적발된 경우

다운계약서를 썼다간 다운된다!!!

다운계약서

국세청

최근 분양권시장에서 다운계약서가 성행하고 있다. 특히 매도자들이 단기 매도에 따른 양도소득세를 적게 내기 위해 매도자에게 다운계약서를 요구하고 있다. 주택을 취득할 수 있는 권리인 분양권의 경우 보유 기간이 대부분 2년 미만이라 양도차익에 대한 양도세율이 40%(2년 미만) 또는 50%(1년 미만)에 달한다. **하지만 무심코 쓴 다운계약서로 인한 처벌이 얼마나 큰지를 매도자 매수자는 물론 중개업자도 알아야 한다.**

매수자와 매도자가 다운계약서를 썼다 적발될 경우 우선 실거래가 신고의무 위반으로 취득세의 3배 이하 과태료가 부과된다. 분양권 입주권 등 부동산을 취득할 수 있는 권리를 매매한 경우에는 해당 권리 취득가액의 100분의 5 이하에 상당하는 금액이 과태료로 부과된다.

또 탈루한 취득세와 양도세도 납부해야 한다. 신고불성실 가산세도 과소신고 세액의 40%까지 부담해야 한다. 여기에 1일 0.03%(연 10.95%) 증가하는 납부불성실 가산세도 부담해야 한다.

1가구 1주택자라고 하더라도 다운계약서가 적발될 경우 양도세 비과세 혜택을 받지 못해 양도세를 납부해야 한다.

다운계약서가 적발될 경우 양도세 법정신고기한 다음날부터 시작해 10년(양도세 부과 제척기간)까지는 국세청이 양도세를 부과할 수 있다. 즉 10년이 지나기 전까지는 탈루한 양도세를 매도자가 추징당할 수 있다는 것이다.

공인중개사도 다운계약서를 써 줄 경우 취득세의 3배 이하 과태료가 부과된다. 또 등록 취소 또는 6개월 업무정지 처분이 이뤄질 수 있다.

이처럼 무심코 다운계약서를 썼다 적발될 경우 입는 피해는 실로 엄청나다. 국세청과 국토해양부는 실거래가 검증시스템으로 실거래가를 수시로 확인하고 있다. 세금폭탄을 맞을 수 있는 다운계약서는 안 쓰는 게 상책이다. 탈세를 하지 말고 절세를 해야 한다.

➕ 플러스 TIPS

국세부과 제척기간이란?

국세부과 제척기간이란, 국가에서 세금을 부과할 수 있는 기간을 법으로 정해 놓은 것이다. 일반적으로 5년(상속세 증여세는 10년)이나 부정한 행위로 인한 국세 포탈은 10년 또는 15년이다. 다운계약서는 부정행위(거짓 문서 작성)로 강력 처벌되니 절대 쓰지 말아야 한다.

4베이 단점은 뭘까?

4베이 단점은?
1. 거실이 좁다.
2. 방이 좁다
3. 난방비가 더 든다

4 Bay

아파트 분양시장에서 중소형 평면설계에 4베이가 대세다.

지난 2011년 전용면적 60㎡ 이하에도 4베이가 도입되면서 4베이냐,

아니냐에 따라 청약경쟁률이나 분양권 프리미엄이 차이 날 정도다.

베이(Bay)는 전면 발코니와 접한, 벽과 벽 사이 공간을 말한다. 칸으로 이해하면 쉽다. 4베이는 전면 발코니와 접한 거실과 방 갯수가 4개라는 것을 의미한다.

그럼 우선 4베이 장점은 무엇일까?

실사용면적이 3베이보다 넓다. 직사각형으로 길게 늘어난 구조이기 때문에 서비스면적인 발코니면적이 베이가 늘어난 만큼 넓어진다. 전용 59㎡도 발코니 면적이 30㎡ 안팎에 달한다. 주방과 드레스룸도 3베이보다 넓다.

햇볕이 들어오는 공간이 상대적으로 많다. 즉 채광이 좋다. 또 판상형일 경우 통풍이 잘돼 여름에 시원하다.

하지만 장점이 있으며 단점도 있는 법이다.

4베이는 거실과 방이 나란히 일자로 돼 있어 가로 폭이 넓은 대신 세로 폭이 좁다. 팬트리(대형 수납창고) 등으로 활용하지만 쓸모없는 공간이 많을 수 있다. 베이가 많아질수록 거실과 방이 좁아진다고 보면 된다. 4베이는 방 3개를 전면에 길게 배치해야 하기 때문에 방이 좁을 수밖에 없다. 방의 쾌적성, 독립성이 3베이보다 떨어진다. 안방의 경우 세로 폭이 3베이보다 좁아 12자 이상 장롱을 넣을 수 없다. 거실도 3베이에 비해 좁다. 4베이가 주방 중심이라면 3베이는 거실 중심이다. 탑상형(타워형)일 경우 통풍이 잘되지 않아 여름에 덥고 관리비가 더 많이 나올 수 있다. 또 3베이보다 외부에 노출되는 공간이 많아 겨울 난방비가 더 많이 나온다. 베이가 많을수록 무조건 좋은 것은 아니다. 4인 가족에게는 오히려 3베이가 더 나을 수 있다. 따라서 가족 구성원, 라이프 스타일에 맞춰 선택하는 게 좋다.

69 지역주택조합, 이것만은 확인하라!

지역주택조합
아파트 체크리스트

- ☑ 과장 분양광고는 아닌가?
- ☑ 토지사용승낙서는 얼마나 확보됐나?
- ☑ 자금관리는 투명한가?
- ☑ 시공사는 확정됐나?
- ☑ 지구단위계획 수립은?

최근 주택시장이 살아나면서 지역주택조합 아파트가 전국에 우후죽순 생겨나고 있다. 분양가가 싸고 청약통장이 필요 없어 인기를 끌고 있다.

하지만 지역주택조합은 조합설립 인가 및 사업계획 승인과정에서 계획했던 아파트 규모가 변동될 수 있다. 또 사업이 지연돼 추가부담금 및 조합원 간 갈등이 발생할 수 있다. 최악의 경우 분양대금을 돌려받을 수 없다.

따라서 **투자자는 지역주택조합 조합원으로 가입하기 전 사업계획 타당성, 토지 권한 확보, 자금관리 투명성 등을 꼼꼼히 검토해야 한다.** 무주택자나 전용면적 85㎡ 이하 1주택 소유자로서 조합설립 인가 신청일 현재 6개월간 동일 지역(시도)에 거주하면 조합원이 될 수 있다.

지역주택조합 아파트 사업의 성패는 토지 확보에 달려있다. 조합원을 모집한 후에도 땅을 매입하는 과정에서 가격이 올라가거나 사업이 지연되는 경우가 많다. 확정분양가로 조합원을 모집하는 곳이 상대적으로 안전하다.

투자자는 아파트 규모 등을 결정하는 지구단위계획 수립 초안이 잡혔는지를 확인해야 한다.
또 시공사가 확정됐는지도 체크해야 한다.

조합설립인가는 지구단위계획 수립 후 토지의 80% 이상 토지사용 승낙서를 받고 건립 가구수의 50% 이상을 조합원으로 모집해야 받을 수 있다.

한편 조합원이 아닌 업무대행사가 조합원 알선 모집광고를 대행하고 금품을 받는 것은 불법이다. 또 조합설립인가 후 사업계획승인을 받고 주택건설 대지 소유권의 전부를 확보하기 전에 조합원 입주권을 전매하는 것은 위법이다.

조합설립인가를 받은 지 2년이 지나도 사업계획 승인신청을 하지 않는 경우 조합설립인가가 취소될 수도 있으니 주의해야 한다.

70

내 집 마련용 분양권, 잘 고르는법

분양시장이 뜨거워지면서 당첨 받기가 힘들어졌다.
새 아파트에 대한 선호도는 갈수록 높아지고 있다.
그래서 분양권으로 내 집 마련을 하는 실수요자들이 늘어나고 있다.

실패하지 않는 내 집 마련용 분양권,
잘 고르는 방법은 무엇일까?

역세권 분양권을 사라

수도권이든 대도시든 지하철망이 들어선 지역에선 역세권 분양권을 사는 게 가장 안전하다. 특히 내 집 마련용이라면 더욱 그렇다. 항상 기본 수요가 있어 팔고 싶을 때 팔 수 있어 환금성이 뛰어나다. 입주 이후 신역세권이 되는 분양권이라면 시세차익도 노릴 수 있다.

도심권 분양권을 사라

2015년처럼 분양 열기가 뜨겁고 분양물량이 급증하는 시기에는 더욱더 그렇다. 도심 외곽보다는 도심권 분양권을 사야 한다. 2~3년 뒤 다가올 입주물량 폭탄을 피해갈 수 있기 때문이다. 따라서 분양가가 비싸더라도 재개발 재건축 분양권을 사는 게 안전하다. 또 도심 접근성이 좋은 역세권을 분양권을 사는 게 좋다.

대단지 분양권을 사라

단지규모가 작은 분양권이라고 하더라도 택지개발지구처럼 단지가 몰려 있는 아파트타운 분양권을 사는 게 안전하다. 대단지 분양권을 사야 하는 이유는 첫째 기반시설이 충분히 갖춰져 있기 때문이다. 둘째는 홀로 단지처럼 시장에서 잊혀지지 않고 언제나 주목받아 상대적으로 매도하기 쉽기 때문이다.

입주 후 주거환경을 예측하라

분양권이란 미래가치를 보고 주택이 아닌, 주택을 취득할 수 있는 권리를 사는 것이다. 미래가치의 핵심은 입주 후 주거환경이 얼마나 좋아지는 것인가에 달려있다. 편안하게 생활할 수 있는 편의시설, 도심 접근성이 좋은 신역세권, 기업입주로 인한 배후수요 등이 요즘 뜨는 미래가치다.

부동산 계약서 대필을 아시나요?

최근 부동산 직거래시장이 커지면서
부동산 계약서 대필을 이용하는 사람이 늘어나고 있다.
부동산 계약서 대필이란 부동산 중개업소에서
계약서를 검토하고 계약서 작성을 도와주는 것을 말한다.
부동산 대필은 직거래 혹은 재계약인 경우가 대부분이다.

부동산 중개업소에서 계약서를 대필해주는 방법은 크게 2가지다. 가장 기본적으로 계약서 작성만 도와주는 경우다. 소유자를 확인하고 등기부 등본을 통해 기초적인 권리관계를 체크해준다. 단순히 계약서만 대신 써주기 때문에 계약서에 부동산 중개업소 직인이 찍히지 않는다. 계약 사고가 발생하더라도 중개업소 책임이 없다. 이런 경우 부동산 계약서 대필 수수료는 지역에 따라, 매매 임대에 따라 5만~10만 원 정도를 받는다. 법으로 정해진 수수료가 없기 때문에 합의하에 조정이 가능하다.

계약서 대필에서 가장 안전한 방법은 대필 수수료를 더 줘서라도 계약서에 중개업소 직인을 찍고 공제증서를 받는 것이다. 부동산 직인과 공제증서를 받고 대필할 경우 계약사고가 발생하더라도 1억 원 한도 내에서 중개업소에서 중개 거래에 대한 책임을 지게 돼 있기 때문이다. 그래서 중개업소에서도 꼼꼼히 계약서를 검토하게 된다. 공인중개사가 공제증서 및 등기부 등본 등 일반적인 계약과 마찬가지로 필요 서류 및 임대인 확인 후 부동산 직인을 하고 계약서를 대필해준다. 직거래의 경우 특히 전세금이나 임대차보증금이 많은 경우 대필 수수료를 더 부담하더라도 공제증서를 발급받는 게 안전하다. 부동산 직인 및 공제증서를 발급해주는 중개업소 대필료는 통상 중개수수료의 50% 정도를 받는다. 중개수수료 100%를 요구하는 중개업소도 있다.

대필은 거의 모든 중개업소에서 가능하다. 다만 공인중개사무소로 등록되고 공제증서가 있는 곳이 안전하다. 한편 부동산 중개업소가 보수청구권이라는 중개수수료 외에 대필을 해주고 수수료를 받았을 경우 공인중개사의 업무 및 부동산거래신고에 관한 법률에 저촉된다는 의견도 있으니 주의해야 한다.

부동산 직거래 체크리스트

부동산 직거래 체크리스트!!

화장실에 물이 잘 나오나?
방에 난방이 잘되는군,
벽에 곰팡이는 없겠지?…

월세입자

최근 전월세 가격이 급등하면서 부동산 중개수수료 부담이 커지고 있다.
이에 따라 중개수수료 없이 직거래로 집을 얻는 사람들이 늘어나고 있다.
하지만 부동산 직거래로 인한 피해가 적지 않아 각별한 주의가 요구된다.

안전하게 집을 구하는 직거래 체크리스트를 소개한다.

1단계: 시세가 맞는지 현장 확인 필수

최근 직거래 사이트에 허위 물건이 많으니 우선 진짜 물건인지를 확인한다. 전세 구하기 힘들다고 시세를 확인하지 않고 계약을 해서는 안 된다. 전세, 반전세, 월세 시세가 적정한지를 현지 중개업소 등을 통해 반드시 확인해야 한다.

2단계: 집 상태를 꼼꼼히 확인한다

가급적 밝은 낮에 가서 수도, 난방, 전등, 벽지 등을 꼼꼼히 확인한다. 집을 구한 경험이 많은 지인과 같이 가면 더욱 좋다. 본인이 보지 못하는 문제점(하자)을 알려줄 수 있기 때문이다. 수리에 대해선 특약사항에 날짜까지 구체적으로 기재하는 게 좋다.

3단계: 등기부 등본 확인은 두 번이 좋다

대출이 너무 많은 경우 최악의 경우 경매로 넘어 보증금을 돌려받지 못할 수 있다. 대출금과 보증금을 합해 70% 이하가 안전하다. 주택 소유자 및 주소를 확인하고 대법원 인터넷 등기소나 관할 등기소를 통해 근저당권 등 권리관계를 확인한다. 계약하기 전에 한번, 잔금을 주기 전에 한번 등기부 등본을 확인한다.

4단계: 집주인과 계약하는 게 안전하다

거래 당사자가 실제 소유자인 집주인지를 반드시 확인해야 한다. 집주인과 계약하는 게 안전하다. 집주인 행세를 하며 계약금만 받고 잠적하는 경우도 있으니 조심해야 한다. 부득이 대리인과 계약할 경우 위임장과 인감증명서를 요구해야 한다. 또 집주인에게 위임했는지를 전화로 확인하는 게 좋다. 계약 및 대금 수령 등에 대해 위임했는지 위임장을 꼼꼼히 살펴봐야 한다.

5단계: 대금 영수증을 챙겨라

계약금, 잔금을 전달할 때에는 반드시 영수증(지급내역, 수령자 이름, 도장, 연월일)을 받아둬야 한다. 거래내역을 증빙할 수 있는 은행 계좌이체를 사용하는 것도 좋은 방법이다.

6단계: 공과금 연체 등을 확인하라

현재 살고 있는 세입자의 이사 날짜를 우선 확인한다. 또 관리비, 전기세 등 공과금을 제대로 납부했는지를 확인한다.

마지막으로 이사를 간 날에 바로 동사무소에 가서 전입신고를 하고 임대차계약서에 확정일자를 받는다.

해 뜨기 전이 가장 어둡다는 사실을
꼭 명심하라

부동산 주식 등 재테크든, 우리의 인생살이든 모두 새겨들을만한 속담이 아닌가 생각된다. 새벽, 즉 해뜨기 직전에 가장 어둡다는 속담을 과학적으로 설명하면 이렇다. 해와 지구와 달은 거의 일직선 상에 있어 해가 뜨면 달이 지고, 해가 지면 달이 뜨게 된다.

따라서 가장 어두운 시간은 달이 지고 해가 뜨기 직전의 시간이다. 달빛의 기운이 약간 남아 있지만 깜깜하다. 반면 해가 지고 달이 뜨기 전에는 환하다. 태양의 기운이 많이 남아 있기 때문이다. 재테크로 본다면 금전적으로 가장 어려운 시기에 다시 돈을 벌 수 있는 시기가 온다는 의미를 담고 있다.

주식시장에서는 주가 하락이 시작되면 끝없이 하락할 것 같지만 일정 기간 지속돼 바닥에 이르면 하락요인이 소멸되거나 또는 새로운 반등 모멘텀으로 다시 주가가 회복된다는 의미로 쓰이고 있다. 해뜨기 전과 관련된 서로 다르거나 비슷한 이야기를 소개한다.

사례1 파울루 코엘류의 《연금술사》에서

— '해뜨기 직전이 가장 어둡다'라는 속담이 파울루 코엘류의 《연금술사》에서 어떻게 쓰였는 지 한번 보자. 연금술사와 책을 좋아하는 양치기 산티아고가 피라미드로 가는 도중 사막에 서 나눈 대화에서 나온다.

"이제 저는 어떻게 해야 합니까?

"피라미드가 있는 방향으로 계속 가게. 그리고 표지들에 주의를 기울이게. 그대의 마음은 이제 그대의 보물을 보여줄 수 있게 되었으니"

"그것이 바로 제가 미처 모르고 있던 그 한 가지였습니까?"

"그건 아니네. 자 이제는 때가 된 것 같으니 이야길 해 주지. 들어보게나. 누군가 꿈을 이 루기에 앞서, 만물의 정기는 언제나 그 사람이 그동안의 여정에서 배운 모든 것들을 시험 해보고 싶어 하지. 만물의 정기가 그런 시험을 하는 것은 악의가 있어서가 아니네. 그건 자신의 꿈을 실현하는 것 말고도, 만물의 정기를 향해 가면서 배운 가르침 또한 정복할 수 있도록 하기 위함일세. 대부분의 사람들이 포기하고 마는 것도 바로 그 순간이지. 사막 의 언어로 말하면 '사람들은 오아시스의 야자나무들이 지평선에 보일 때 목말라 죽는다' 는 게지.

무언가를 찾아 나서는 도전은 언제나 '초심자의 행운'으로 시작되고, 반드시 '가혹한 시 험'으로 끝을 맺는 것이네. 산티아고는 자기 고향의 오랜 속담 하나를 떠올렸다. '가장 어 두운 시간은 바로 해뜨기 직전'이라는."

사례2 샘 키스의 《알래스카의 늙은 곰이 내게 인생을 가르쳐주었다》에서

— 해뜨기 직전에는 또한 가장 온도가 낮은 때이다. 그래서 가장 춥게 느껴진다. 이는 해가 진 후부터 지면이 냉각돼 해뜨기 직전인 새벽녘이 되면 지면 부근이 가장 온도가 낮고 상층

으로 갈수록 온도가 높은 역전층 현상이 발생한다.

샘 키스의 《알래스카의 늙은 곰이 내게 인생을 가르쳐주었다》라는 책에서 짧지만 한 줄로 나와 있다. 이 책은 리처드 프로네케라는 미국 사람이 50세가 되던 1968년에 알래스카로 들어가 통나무 오두막집을 짓고 혼자 16개월 살아온 분투기이다.

그는 오두막을 지은 지 30주년이 되는 1998년 오두막을 알래스카 공원관리국에 위탁했고, 이듬해에 다시 문명으로 돌아왔다. 그때가 그의 나이 82세였다. 늙은 몸으로 더 이상 알래스카의 혹독한 겨울을 견디지 못해서 떠날 수밖에 없었다. 그리고 2003년 동생이 살고 있는 캘리포니아에서 생을 마감했다.

"12월 8일: 어제보다 포근한 영하 36도의 아침이었다. 해 뜰 무렵이 온도가 제일 낮은 것 같았다. 폴스마운틴 비탈의 신비로운 길을 확인해보기에 좋은 날이었다. 얼굴을 보호할 새 장치를 시험해보고 싶기도 했다. 글레이셔크리크 산양의 털가죽으로 만든 손 보온 토시의 끈을 풀어서 파카 모자 가장자리의 털처럼 만들었다. 그런 다음 그 양쪽 끝을 내 턱밑에 묶었다. 줄을 몇 개 더 써서 반대쪽 끝도 내 목 뒤에 느슨하게 묶었다. 그렇게 하니 종이 두건보다는 앞을 보기가 더 좋았다."

사례3 참돔 낚시에서

'바다의 미녀'라는 참돔 낚시 시즌은 5월부터 시작된다고 한다. 참돔 낚시에서는 해뜨기 직전에 좋은 기회를 맞이할 수 있다.

해뜨기 전에는 발밑을 노려야 한다. 모든 고기들이 마찬가지겠지만 해뜨기 직전에 대물과 마리수를 낚을 수 있는 이유 중 한 가지는 밤과 낮 동안에는 먼 곳이나 바다 바닥에서 휴식을 취하거나 먹이활동을 하다가 새벽이 되면 갯바위 근처로 나와 벌레나 해초류 등을 먹는다. 이때는 되도록이면 정숙하면서 발밑을 공략하는 것이 좋은 방법이다. 부지런해야 하며 며칠 밤낮을 바다에서 보내며 때를 기다려야 월척을 낚을 수 있다.

사례4 주다스 프리스트의 〈Before the dawn〉에서

Before the dawn I hear you whisper

해뜨기 전 그대가 속삭이는 게 들려요

In your sleep

잠결에

Don't let the morning take him

'아침이 그이를 데려가게 하지 마세요' 라고

Outside the birds begin to call

바깥에서 새들은 노래를 부르기 시작하네요

As if to summon up my leaving

마치 이별을 재촉이라도 하는 듯

** I've spent a life time

한평생을 보냈죠

Since I found someone

누군가를 찾아낸 이후로

Since I found someone who would stay

그는 내 곁에 있어줄 줄 알았는데

I've waited too long

너무 오래 기다렸죠

And now you're leaving

이제 당신은 떠나려고 하네요

Oh please don't take it all away

제발 내게서 모든 걸 가져가지 말아요

** Repeat

〈Before the dawn〉은 국내에도 잘 알려진 영국 출신의 5인조 헤비메탈 그룹 주다스 프리스트(Judas Prist)의 5번째 앨범 〈Hell bent for Leather〉(78년)에 수록된 록 발라드곡이다. 72년에 결성했으니 벌써 30년이 넘었다. 80년대 초 20대 초반에 라디오와 워크맨으로 정말 많이 들었던 노래이다. 마지막 긴 여운이 지금도 생생하다.

이 노래는 해가 뜨면 떠나갈 사랑하는 사람에 대한 아쉬움과 슬픔을 표현하고 있다. 이처럼 해뜨기 전을 바라보는 시각은 사람에 따라, 처한 상황에 따라 크게 다를 수도 있고 비슷할 수도 있다는 생각이다. 침체기의 주택시장을 해뜨기 전으로 볼 수도 있을 것이다. 현명한 투자자들은 해뜨기 전 가장 어두울 때 바삐 움직여서 남들보다 더 밝은 아침을 맞이한다.

아파텔, 단점을 알려주마

아파텔 체크리스트
- ☑ 관리비
- ☑ 분양보증
- ☑ 취득세
- ☑ 전용률
- ☑ 환금성

중소형 아파트 전세난이 심해지면서
주거용 오피스텔, 아파텔이 공급이 늘어나고 있다.
주택건설사들이 신혼부부, 30대 젊은 층을 대상으로
중소형 아파텔을 분양하고 있다.

아파텔은 분양가가 아파트보다 상대적으로 저렴하다. 또 청약통장 없이 누구나 청약할 수 있다. 3베이, 4베이는 기본이다. 통풍 채광을 개선했다. 전용률도 아파트와 비슷한 수준인 70%대다. 하지만 아무리 아파트와 비슷하다고 하더라도 아파텔은 사무용 건물이다. 아파트와 다를 수밖에 없다. 아파텔은 건축법에 따라 건축허가를 받고 주로 업무지역에 짓는다. 주택분양보증 대상도 아니다. 또 발코니가 없다. 욕실에 욕조를 설치할 수 없다. 관리비도 공용면적이 넓어 아파트는 물론 다세대 다가구보다 비싸다. 업무용지에 들어서기 때문에 단지 주변에 학교나 녹지, 주민 편의 시설이 부족하다.

아파텔은 세금에서도 아파트와 큰 차이가 난다. 주택이 아니라 사무용 건물이기 때문이다. 취득세와 지방교육세 등을 포함해 분양가의 4.6%를 세금으로 내야 한다. 반면 아파트는 1.1%만 내면 된다. 전용률(계약면적 대비 전용면적 비율)도 아파트 수준인 70%대까지 근접했다고 하지만 체감 면적은 작을 수밖에 없다. 아파트처럼 발코니 등 서비스면적이 없기 때문이다.

무엇보다 가장 큰 단점은 환금성과 투자성이 떨어진다는 데 있다. 오피스텔이기 때문에 아파트와 주상복합에 비해 선호도가 떨어진다. 따라서 입주해 살다가 팔고 싶을 때 언제든지 팔 수 있는 환금성이 떨어진다. 또 투자자에게 전용면적 85㎡ 이하 중소형 아파텔의 임대수요가 2~3년 뒤에도 꾸준할지 의문이다. 임대수익용 투자상품으로 위험하다. 집값 상승기에는 내 집 마련용으로 구입해도 되겠지만, 아파트 입주물량이 크게 늘어나고 집값 하락세로 돌아선다면 아파텔은 가장 먼저 직격탄을 맞을 가능성이 높다. 아파텔은 지난 2000년대 초 집값이 폭등할 때 잠시 나타났다 2007년 이후 주택시장에서 사라진 상품이다. 아파트 입주물량이 넘쳐나는데 아파텔을 사려는 사람이 없기 때문이다. 따라서 내 집 마련이든 임대수익을 노린 투자용이든 아파텔을 분양받는데 신중해야 한다. 아파텔은 아파트의 보조 상품일 뿐이다. 아파트를 뛰어넘을 수 없다.

월세 계약 시
특약사항 작성법

국내 주택시장에서도 월세 전성시대가 왔다.

월세 계약 시 추후 분쟁이 발생할 소지가 있거나 문제가 생길 수 있는
'애매모호' 한 부분은 특약사항에 구체적으로 기재하는 것이 좋다.

그럼 월세 계약 시 특약사항에는 무엇을 넣을까? 물론 특약사항에 적는다고 해서 모두 구속력을 갖는 것은 아니다.

국내법은 임대인을 강자, 임차인을 약자로 규정한다. 특히 주택 임대차보호법은 더욱 그렇다. 특약사항이 통상적인 상식을 벗어나 임차인에게 일방적으로 불리하게 적용되는 특약사항은 무효로 인정된다. 예를 들어 계약 후 계약기간 중 1년 후 월세를 10% 올린다는 특약사항은 구속력이 없다. 계약기간 중 월세 인상 상한선은 1년에 5%이기 때문이다.

통상 임대인과 임차인이 월세 계약 시 많이 넣는 특약사항은 아래와 같다.

- 2개월 이상 월세 연체 시 임대인은 임대차 계약을 해지할 수 있다.
- 현 시설 상태에서 월세 계약이며, 월세는 후불로 한다.
- 계약금은 계약과 동시에 임대인 통장으로 입금하고, 월세도 본 통장으로 매월 입금한다. (O O 은행 계좌번호 O O O 임대인)
- 월세는 매월 1일에 입금하고, 첫 달은 잔금일로부터 1일까지 계산해서 입금하기로 한다.
- 월세 외 부가가치세는 별도로 한다. (임대인 유리)
- 월세는 OO원으로 하되 세금계산서 요구 시 부가가치세는 따로 부담하기로 한다.
- 임차인은 계약 기간 만료 시에 원상으로 회복하여 반환한다.
- 누수 결로 보일러고장 등 하자 보수는 임대인의 부담으로 잔금 지불할 때까지 완료토록 한다.
- 임대차계약기간 만료일에 다른 임차인에게 임대차 여부에 관계없이 임대보증금을 즉시 반환해준다.
- 임대차계약기간 만료일까지 임대보증금을 반환해주지 못한 경우 그 다음 날에 임차권등기에 필요한 서류를 교부하여 주고 임차권등기에 적극 협조해준다.
- 본 계약에 포함되지 않은 내용은 계약의 내용으로 삼지 않으며 관련 법규와 관례에 따른다.

75 지역거주 우선공급과 거주 기간

연속해서 거주해야 우선공급 대상자가 된데요~

지역거주 우선공급자다!!!

청약자 부부

주택 청약 시 지역거주 우선공급제가 전국 곳곳에서 부활하고 있다. 최근 분양시장 과열로 당첨 확률을 높이기 위해 실제로 살지 않으면서 주소만 옮기는 위장전입이 크게 늘고 있기 때문이다. 지역거주 우선공급이란 주택법 38조와 주택공급에 관한 규칙 4조 및 30조에 따라 투기방지를 위해 일정 기간 이상 주택건설지역에 거주하고 있는 지역거주자에게 주택을 우선 공급하는 제도다. 대부분 공급물량의 100%를 지역거주자에게 우선 공급한다. 민간택지의 경우 시장 상황에 따라 지방자치 단체장 권한으로 우선공급 비율을 탄력적으로 적용할 수 있다.

2015년 8월 현재 부산(일부), 대구. 광주, 대전(일부) 등 광역시에서 3개월 이상 거주한 지역거주자에게 주택을 우선공급하고 있다. 경산시도 3개월 이상 거주 기간 요건이 적용되고 있다. 또 창원(구 진해시 제외), 김해, 군산은 거주요건이 1년 이상이다. 세종시는 2년 이상으로 가장 길다. 서울 인천 경기 등 수도권 민간택지에서는 거주 기간 요건이 없다. 최초 입주자모집공고일 현재 거주하면 지역거주 우선공급(100%)을 받을 수 있다. 위례, 동탄2신도시 등 수도권 20만 평 이상 대규모 택지개발지구의 경우 최초 입주자 모집공고일 현재 1년 이상 거주한 지역거주자에게 30%를 우선 배정한다. 그리고 20%는 경기도에 6개월 이상 거주자에게, 나머지 50%는 수도권 거주자(서울 인천 및 경기도 6개월 미만 거주자)에게 공급하고 있다. 따라서 지역거주 우선공급 대상자라면 총 세 번의 당첨기회를 잡게 돼 당첨확률이 높아진다.

━━ 20만 평 이상 택지가 서울 인천 등 특별시 광역시인 경우 해당 주택건설지역 거주자에게 50%를 우선 공급한다. 20만 평 미만은 100% 우선 공급한다. 지역거주 우선공급에서 주의할 점은 주택 건설지역의 거주 기간 요건이다. 핵심은 청약자가 주택건설지역에 연속해서, 즉 계속 거주해야 한 다는 것이다. 예를 들어 2015년 8월 13일 입주자 모집공고를 한 광교 중흥S클래스를 보자. 광교 신도시가 포함된 수원시 또는 용인시에 공고일 현재 1년 이상 계속 거주해야 지역거주 우선공급 (총 30%)을 받을 수 있다. 수원 살다 용인으로 이전했다고 하더라도 합산하지 않는다. 수원에서 10년 살고 용인에서 1개월 살았다면 용인 1개월로 지역거주 우선공급 대상자가 아니다. 다만 경 기도 내에서 계속 거주했고 합산해서 6개월 이상이면 경기도 우선공급 대상이 된다. 그러나 중간 에 서울 인천 등 경기도 외에서 거주하다 1개월 전 수원으로 이주했다면 경기도 거주 기간은 1개 월로 계산된다. 즉 합산되지 않는다. 한편 지역거주 우선공급을 받으려면 최소한 입주자모집공고 일 전날까지 주소를 이전해야 한다. 또 청약예금 예치금액이 부족할 경우 청약신청일 현재까지 납입해야 한다. 또 지역거주 우선공급은 최초 입주자 모집공고일 거주 기간 요건만 갖추면 된다. 공고일 이후에는 자유롭게 주거이전을 할 수 있다.

깡통전세 를 피하는 법

깡통전세

최근 매매가 대비 전셋값 비율인 전세가율이 고공행진 하면서 깡통전세에 대한 우려가 갈수록 높아지고 있다. 만약 매매가가 하락한다면, 즉 전세가율이 낮아진다면 깡통전세가 속출할 가능성이 높기 때문이다.

깡통전세란 집주인이 받은 주택담보대출 금액과 전세금을 합한 금액이 집값보다 웃도는 경우를 말한다. 또 경매 낙찰가에서 경매비용, 근저당 설정금액 등을 제외하고 남은 금액이 전세금보다 낮아 전세금 일부를 회수할 수 없는 경우를 말한다.

세입자 입장에선 **최악의 경우 집이 경매로 넘어갈 경우 전세금을 안전하게 돌려받을 수 있느냐가 관건이다.** 예를 들어 아파트 매매가가 5억 원이고 낙찰가율이 80%라고 한다면 낙찰가는 4억 원이다. 그런데 이 아파트 전세가율이 75%라고 하면 전세금은 3억7천5백만 원이다. 집주인이 대출받은 게 없고 1순위 전세권자라면 걱정할 게 없다. 하지만 근저당이 설정돼 있다면 전세금 일부를 돌려받지 못하게 된다. 즉 깡통전세가 되는 것이다.

전세입자가 깡통전세를 피하는 가장 확실한 방법은 융자가 없는 집을 구하는 것이다. 불가피하게 융자가 있는 집을 구할 때는 주택담보대출과 전세금을 합한 금액이 매매가의 80%를 넘으면 전세계약을 하지 않는 게 상책이다.

또 전세가율이 80%가 넘고 융자가 있는 집은 계약하지 않는 게 좋다. 근저당 금액이 매매가의 20%를 넘어도 역시 계약을 하지 않는 게 좋다. 이를 위해 계약하기 전 등기부 등본을 꼭 확인해야 한다. 물론 전세금을 안전하게 지키려면 전세계약 후 해당 주민센터에서 임대차계약서 확정일자를 받은 동시에 전입신고를 해야 한다. 이와 함께 집주인이 그동안 밀린 세금이 없는지 사전에 미리 확인하는 게 좋다. 전세 보증보험에 가입하는 것도 한 방법이다. 기존 대출에 따른 선순위 채권이 있더라도 전세금을 전액 보장받을 수 있기 때문이다. 다만 보증보험 가입에는 집주인과 동의가 있어야 한다.

➕ 플러스 TIPS

전세금 보장보험
전세금 보장보험에 가입하면 경매, 공매로 전세금을 반환받지 못하거나, 전세계약해지 또는 종료 후 30일이 경과되었는데도 전세입자가 전세금을 돌려받지 못해 입은 손해를 보상받을 수 있다. 전세금보증보험을 취급하는 곳으로 주택도시보증공사(www.khug.or.kr) SGI서울보증(www.sgic.co.kr)이 있다.

청약통장 관련
많이 하는 질문

청약통장

청약자

분양시장이 뜨거워지면서 아파트 청약에 나서는 청약통장 가입자가 크게 늘었다.
1인 1통장 시대를 맞아 만 19세 이상이면 누구나 가입할 수 있는 게
청약통장(주택청약종합저축)이다.

최근 청약통장 가입자들이 청약통장 관련 많이 하는 질문을 선정해 답변한다.

Q1 당첨 후 청약통장을 해지하면 당첨이 취소되나요?

A 취소되지 않는다.

청약통장은 청약 시점까지 보유하고 있다면 청약효력을 유지할 수 있다. 따라서 당첨 이후 자유롭게 해지할 수 있다. 다만 당첨자로 선정되면 청약통장의 청약효력이 사라진다. 따라서 기존 청약통장을 해지하고 새로 청약통장을 가입하는 것이 좋다.

Q2 당첨됐는데 계약하지 않으면 청약통장은 다시 사용할 수 있나요?

A 사용할 수 없다.

청약 1~2순위로 당첨(동 호수 추첨을 통해 당첨자로 선정된 예비당첨자 포함)자로 선정될 경우 계약을 하지 않더라도 청약통장을 다시 사용할 수 없다. 따라서 계약을 포기할 경우 다시 청약통장에 가입해야 한다.

Q3 당첨자 발표일이 같은 아파트에 중복 청약할 수 있나요?

A 중복 청약할 수 없다.

당첨자 발표일이 같은 아파트에 중복 청약할 경우 부적격 당첨자로 당첨 무효 처리될 수 있다. 청약일이 같아도 당첨자 발표일이 다르면 중복 청약을 해도 된다.

Q4 부부가 같은 아파트에 동시에 청약해도 되나요?

A 민영아파트는 되고 공공주택은 되지 않는다. 민영아파트에 부부가 동시에 청약하고 당첨될 경우 모두 계약할 수 있다.

하지만 공공분양 등 공공주택은 1세대(무주택 세대주 또는 세대원) 1주택이 공급원칙이다. 따라서 부부가 같은 아파트에 청약할 수 없다. 또 당첨자 발표일이 같은 공공주택에 부부가 중복 청약할 수 없다. 중복 청약 시 모두 무효 처리될 수 있다.

공공주택이란 공공택지에 한국토지주택공사(LH), SH공사 등 정부나 지방자치단치 공공기관이 분양 또는 임대 공급하는 주택을 말한다. 공공분양, 공공임대(10년 임대), 장기전세(20년 임대), 장기임대(30년 이상) 등이 이에 해당한다.

Q5 공공분양 아파트에 청약하려는 재당첨제한을 적용받나요?

A 재당첨제한에 적용받을 수도 있고 적용받지 않을 수도 있다.

재당첨제한은 두 가지 요건을 갖춰야 적용받는다. 첫째, 재당첨제한 적용주택(분양가 상한제 적용주택, 분양전환 되는 임대주택, 토지임대부 분양주택 등)에 당첨된 적이 있어야 한다.

둘째, 당첨자 및 그 세대에 속한 세대원(배우자 분리세대 포함)이 공공주택에 청약할 때만 재당첨제한을 적용받는다. 민영주택은 2015년 9월 현재 재당첨제한이 폐지됐다.

재당첨제한 적용 주택 당첨자 및 세대원은 수도권 과밀억제권역에서 공급하는 공공주택에 전용면적 85㎡ 이하는 당첨일로부터 5년간(그 외 지역 3년간), 85㎡ 초과는 3년간(그 외 지역 1년간) 청약할 수 없다.

재당첨제한 기간 중 청약할 경우 당첨 시 부적격 당첨자로 판명돼 당첨 취소는 물론 3개월간 청약할 수 없다.

베이크 아웃이 뭔가요?

아파트에 들어가면 눈이 따갑고 목이 칼칼해지는 경우가 종종 있다.
예민한 사람은 피부가 가려운 경우도 있다.
마감재에서 나오는 휘발성 유기화합물, 포름알데히드 등
유해오염물질로 인한 새집증후군 때문이다.

새집증후군을 줄이는 방법이 바로 베이크 아웃이다.
난방으로 실내온도를 높여 오염물질 배출을 일시적으로 증가시켜
환기로 이를 줄이는 방법이다.

베이크 아웃(Bake Out)을 하는 방법은 우선 바깥으로 통하는 문과 창문을 모두 닫는다. 오염물질이 많이 빠져나올 수 있도록 실내에 있는 수납가구의 문과 서랍을 전부 연다. 새로 산 목재가구가 있다면 종이나 비닐을 벗겨내고 같이 넣어두는 게 좋다.

실내 온도를 35~40℃ 정도로 올려 6~10시간을 유지한다. 이어 문과 창문을 모두 열어 1~2시간 정도 환기를 시킨다. 이 과정에서 가구, 벽지, 바닥재에서 오염물질이 다량 방출된다. 이와 같이 난방과 환기를 3~5번 정도 반복한다. 또 다른 방법으로는 실내 온도를 35~40℃로 맞춘 후 72시간을 그대로 두었다가 5시간 동안 환기시킨다.

주의할 점으로는 베이크 아웃 기간에는 실내에 임산부나 노약자가 출입하지 않아야 한다. 새 아파트는 베이크 아웃을 한 후에도 입주 전까지는 창문과 문을 활짝 열어 지속적으로 환기시켜야 한다.
공기보다 무거운 유해가스는 집안 바닥에 깔려있어 창문으로 배출되기가 어렵다. 따라서 환기 시 반드시 현관문을 열어줘야 한다. 또 새집증후군 제거제를 놓아두는 게 좋다. 최소한 입주 후 3개월까지는 환기를 자주 해줘야 한다. 창문은 매일 잠을 자는 시간 이외에는 열어놓아야 한다. 현관문도 하루 2~4시간 열어 놓는 게 좋다.

이렇게 한다고 해서 모든 오염물질이 사라지는 것은 아니다. 베이크 아웃을 통해 오염물질의 40%를 줄일 수 있다고 한다. 무엇보다 지속적으로 환기를 시키는 게 가장 중요하다. 아침에 일어나면 창문을 열어놓아야 한다.

주택 방향에 따른 장단점

아파트가 절반 이상을 차지하는 국내 주택에서 방향은 대부분 남향이다.
오피스텔의 경우 북향도 있지만 말이다. 아파트 방향은 전면 발코니가 기준이 된다.
국내에서 주택 방향 선호도는 남향 > 남동향 > 동향 > 남서향 > 서향 > 북향 순이다.
하지만 주택을 구입할 때 방향도 중요하지만 통풍, 조망, 일조량 등을 종합적으로 따져봐야 한다.

남향 가장 선호하는 방향이다. 집에서 주로 생활하던 농경사회에서 선호했다. 햇빛이 하루 종일 잘 들기 때문이다. 노인이나 유아 등 집에 머무는 시간이 많은 가정에 좋다. 여름에는 햇빛이 얕게 들어오고 겨울에는 햇빛이 깊게 들어와 다른 방향보다 상대적으로 여름에 시원하고 겨울에 따뜻하다.

동향 이른 아침 햇살이 가득 들어오는 집이다. 아침 일찍 활동하는 맞벌이 부부나 중고등학생을 자녀로 둔 가정에 좋다. 햇살이 가득한 이른 아침에 식당에 온 가족이 둘러앉아 식사를 같이하기에 좋다. 단점은 오후에 부엌에 햇빛이 강하기 때문에 여름의 경우 음식물이 쉽게 상할 수 있다.

서향 오후 내내 햇살이 들어온다. 유치원이나 초등학교 저학년 자녀가 있는 가정에 좋다. 오후 2시부터 5시에 햇살이 집안 깊숙이 들어와 여름에 덥다는 단점이 있다. 하지만 커튼, 블라인드 등으로 햇살을 막으면 된다. 에어컨이 보편화됐으니 큰 문제가 되지 않는다. 겨울에는 추워 화초가 잘 자라지 못한다. 하지만 오후의 따뜻한 햇살은 여름을 제외하고 봄, 가을에는 장점이 될 수 있다. 서양에서는 응접실이나 간식을 먹는 방을 서향에 둔다.

북향 아파트에는 거의 없는, 가장 인기 없는 방향이다. 하지만 장점도 있다. 일조량이 적어 여름에 시원하다. 또 하루 종일 일조량 차이가 적기 때문에 재택근무나 두뇌활동을 많이 하는 사람들에겐 적합하다. 독신이나 자녀가 없는 부부에게도 무난하다. 단점은 역시 일조량이 적어 집안이 습하고 겨울에 춥다. 식물이 잘 자라지 못한다.

세입자가 직접 낙찰받는 이유

세입자가 경매로 넘어간 집을 직접 낙찰받는 비율이 갈수록 높아지고 있다. 2014년 수도권 아파트 법원경매 물건 중 세입자 낙찰 비율이 5%에 육박했다. 전년도에 비해 4배 이상 증가한 것이다. 최근에는 전세보증금을 100% 돌려받지 못하는 깡통전세 세입자가 보증금을 조금이라도 더 받기 위해 직접 낙찰받는 사례가 늘어나고 있다. 통상 집값 상승기에는 세입자가 내 집 마련을 위해 직접 입찰에 나서는 사례가 늘어난다. 최근에는 전셋값이 크게 올라 기존 전세보증금을 갖고 다른 전셋집을 구하기 어려워지자 세입자가 응찰하는 사례가 증가하고 있다.

세입자가 살고 있는 집을 직접 낙찰받는 이유는 배당받을 보증금에서 부족한 금액만 낙찰 잔금으로 내면 되기 때문이다. 또 해당 주택에 실제 거주하고 있기 때문에 임장이라는 현장조사를 따로 할 필요가 없기 때문이다.

세입자가 아닌 일반인이 선순위 임차인이 있는 경매 물건을 낙찰받으면 보증금까지 떠안을 수 있다. 그래서 응찰자들이 높은 가격을 써낼 수 없다. 반면 대항력 있는 선순위 임차인이라면 보증금을 100% 확보하기 때문에 세입자가 유리한 위치에서 시세보다 저렴하게 낙찰받을 수 있다.

대항력 있는 선순위 임차인이란 전입신고+거주를 하고 은행 근저당 설정일보다 전입신고 다음 날이 앞설 경우다. 여기에 확정일자를 받으면 우선 배당받을 자격이 생긴다. 선순위 대출이 너무 많은 경우 후순위 임차인이 보증금 손실을 줄이기 위해 직접 낙찰받는 경우도 있다.

세입자가 직접 낙찰을 받으려면 우선 실거래가를 파악하는 것이 중요하다. 중개업소를 방문해 최근 거래된 가격을 확인하는 게 가장 좋다. 또 2~3개월 시차가 있지만, 국토교통부(rt.molit.go.kr) 등 인터넷에서 실거래가를 조회해볼 필요가 있다. 세입자는 본인 보증금과 선순위 설정금액을 초과하지 않는 범위에서 응찰가를 써내 낙찰을 받아야 한다.

한편 세입자는 매매가가 시세보다 낮다면 경매로 넘어가더라도 집주인에게 연락해서 경매를 취하하는 조건으로 집을 살 수 있다. 은행과 집주인 동의만 얻으면 낙찰자 잔금 납부일 이전까지 경매 취하가 가능하다. 은행 입장에서도 경매 신청을 해서 실제 낙찰 대금이 입금되기까지 길면 1년이 걸리기 때문에 반대할 이유가 없다.

입주자 모집공고

핵심정보 보기

입주자 모집공고에는 청약하려는 아파트에 대한 기본정보가 담겨있다.
모집공고는 최초 청약일 기준으로 5일 전까지 일간신문에 내야 한다.
청약자라면 모델하우스 및 현장 방문과 함께 꼭 챙겨봐야 할 정보다.
청약 아파트의 길라잡이라 할 수 있다.

입주자 모집공고에는 수많은 정보가 깨알 같은 글씨로 적혀있기 때문에 처음부터 끝까지 보기가 쉽지 않다. 따라서 핵심정보를 보는 법을 알아두는 게 좋다.

하나 전매제한 및 재당첨제한 기간을 체크한다

모집공고 첫머리에 나와 있다. 분양가 상한제 적용 여부에 따라 전매제한 기간이 다르다. 미적용 시 수도권은 6개월, 지방은 전매제한이 없다. 민영주택은 청약 시 재당첨제한이 없으나 공공분양에는 재당첨제한을 받을 수 있으니 유의해야 한다.

둘 지역 거주 우선공급을 확인한다

동일 순위 내에서 해당 건설지역에 거주하는 청약신청자에게 우선적으로 공급하는 제도다. 시도별로 다르다. 서울의 경우 입주자모집공고일 현재 서울 또는 인천 경기도에 거주하면 청약 가능. 다만 같은 1순위라도 하더라도 서울 거주자가 우선순위다.

셋 주택형은 주거전용면적이다

공급내역 및 공급금액 항목에 있다. 과거에는 주택형이 공급면적(주거전용+주거공용)이었지만 지금은 주거전용면적을 ㎡로 표시한다.

넷 중복당첨과 가점제 계산에 주의하라

신청자격 및 당첨자 선정방법과 신청방법 항목에 있다. 당첨자 발표일이 같으면 1인 1건만 신청할 수 있다. 발표일이 같은 곳에 중복 청약할 경우 모두 당첨 취소가 된다.

2016년까지 전용면적 85㎡ 이하에 청약가점제(전체 분양물량의 40%)가 적용된다. 공고에 나온 가점점수 산정 기준표와 가점 항목별 적용 기준 내용을 숙지하고 가점을 정확하게 입력해야 한다.

닻 부적격 당첨 내용을 숙지하라

당첨자 발표 및 계약 항목에 담겨있다. 주택소유, 신청서류 변조, 청약통장 타인 명의 가입 및 불법양도 등으로 부적격 당첨자로 확정되면 당첨이 취소되고 청약통장을 다시 사용할 수 없다. 또 주택소유여부,세대주 및 해당 거주지, 부양가족 수, 가점 점수, 중복당첨, 재당첨 제한 등에서 청약자가 부주의로 신청자격을 위반할 경우 당첨만 취소되고 다시 청약통장을 사용할 수 있다. 단 부적격 당첨일로부터 3개월간 청약할 수 없다.

닻 마지막 '유의사항'에 유의하라

모집공고 마지막 끝에 담겨있는 내용이 바로 유의사항 항목이다. 입주 지연, 마감재, 발코니 확장 및 실외기 설치, 설계, 유해시설, 소음 및 사생활침해 등 유의사항을 확인할 수 있다. 법률적 분쟁과 직결되는 내용이 많아 꼼꼼히 읽을 필요가 있다.

BOOK in BOOK

오윤섭의 부자노트

부자들이 침체기 때
미분양 아파트를 매집하는 이유

과거를 보면 미래를 볼 수 있다. 역사는 되풀이된다고 하지 않는가? 지난 2004년 9월 2003년 10·29대책으로 주택시장이 침체기를 맞이했을 때 부자들은 어떻게 행동했는가를 들여다보면 투자의 실마리를 찾을 수 있을 것이다.

미분양은 늘고 분양물량은 줄고…. 그렇다고 분양가는 내려가지 않고…. 정부의 부동산 정책은 왔다 갔다 하고…. 분명 주택시장은 불안정한 상황이다. 전국 미분양 아파트는 2004년 6월 현재 5만 가구가 넘어서 지난 2001년 4월 이후 가장 많았다. 주택건설사 부도가 늘고 있고 우리가 이름만 대면 금방 알 수 있는 대형 건설사 부도설이 시중에 나돌고 있다.

이런 상황에서 미분양 물량은 늘어날 수밖에 없고 건설사들은 건축규제로 분양물량이 줄어든 데다 분양시장이 악화되면서 분양 시기를 대거 9월 이후로 연기해 '8월 분양가뭄'이 심각했다. 이것이 표면적으로 우리가 알고 있는 분양시장의 상황이다. 하지만 부동산으로 부자가 되기 위해선 겉으로 드러난 이 같은 양상만 봐서는 안 된다. 그 당시 만난 한 건설사 부장의 말은 투자자들이 새겨들어야 할 대목이다.

"다른 건설사들은 미분양이 쌓인다고 난리인데 우리는 미분양 물량이 거의 없어요. 저는 그게 참 이해하기 힘들었어요. 하지만 다른 건설사에 미분양이 쌓이고 있는 것을 보면서 왜 우리가 미분양이 없는지 최근 알았어요."

"미분양물량이 늘어난다고 합니다만 그렇지 않은 곳도 많습니다. 저희가 최근 분양한 택지개발지구 아파트는 경쟁률은 높지 않았지만, 당첨자 계약 이후 한 달도 되지 않아서 100% 계약을 했습니다. 주로 강남 사람들이 유리한 대출조건을 활용해 적극적으로 미분양아파트를 사들였기 때문이지요."

"지방 분양물량이 걱정되긴 하지만 지금처럼 잘해왔듯이 소비자가 원하는 것을 알게 됐으니 걱정하지 않습니다."

그 당시 춘천에 가서 미분양이 빠르게 소진되고 있는 것을 직접 목격했기 때문에 매우 공감했다. 대부분 서울 강남권 부자들이 매입한 것으로 조사됐다. 여기서 핵심은 부자들은 입주 시점에 확실한 투자가치가 있는 단지라면 지금도 미분양 아파트를 적극적으로 사들이고 있다는 것이다. 대출을 지렛대 삼아서 말이다.

현 분양시장에서 어떻게 행동하고 있는지, 이면을 들여다보는 눈(역량, 펀더멘털)을 키워야 한다. 정책 경기 금리 등 변수를 토대로 분양시장 회복 시기를 예측해야 한다. 청약도 지금 적극적으로 해야 하고 미분양 아파트도 적극적으로 매입해야 한다고 생각된다.

내 집 마련이든 투자든 미분양 아파트를 매입할 때 참고할 미분양 투자 7계명을 간단히 소개한다.

하나 부자들이 매입하는 미분양 아파트를 노려라

둘 입주할 2년 뒤 미래가치를 따져봐라

셋 입주해서 살고 싶은 친환경 단지로 설계된 아파트가 뜬다

넷 지역 선호가 높거나 높아질 곳을 노려라

다섯 지역 대표가 될 단지를 매입하라

여섯 호재가 있어 발전 가능성이 높은 곳을 고른다

일곱 시공사 브랜드파워가 강해지면 프리미엄도 올라간다

관리처분인가 이후 달라지는 세금

재개발 재건축 사업에서 관리처분계획인가는 매우 중요한 사업단계다. 특히 양도소득세, 취득세, 재산세 등 세금(세율)이 달라진다. 관리처분인가가 나면 조합원이 보유하고 있는 주택이 입주(사용검사 또는 임시사용승인) 전까지 입주권으로 바뀐다.

조합원 입주권은 재개발 및 재건축 조합원(승계조합원 포함)이 새 아파트에 입주할 수 있는 권리를 말한다.

관리처분인가 이후 주택이 입주권이 되면 우선 양도세 비과세 요건이 달라진다. 관리처분인가일 현재 보유 기간이 2년 이상이면 입주권으로 양도하든 입주 후 주택으로 양도하든 다른 주택이 없다면 양도세 비과세 혜택을 받을 수 있다. 하지만 관리처분인가일 현재 보유 기간이 2년 미만이고 입주권인 상태에서 매도할 경우 보유 기간(관리처분인가일 현재)에 따라 양도세를 내야 한다. 또 관리처분인가 이후 입주 전까지 보유 기간을 인정받지 못하더라도 2006년 1월 1일 이후 취득하거나 관리처분인가를 받은 입주권은 소득세법상 주택 수에 포함된다. 다만 입주 후 주택으로 양도할 경우 기존주택 보유 기간, 공사 기간, 신축주택 보유 기간을 합해 2년 이상이면 양도세가 비과세된다.

한편 1가구 1주택자의 주택이 입주권으로 전환되고 주거용으로 구입한 대체주택을 양도할 경우 △사업시행인가 이후 대체주택을 취득해 1년 이상 거주 △재건축 아파트 준공되기 전 또는 준공된 후 2년 이내에 양도 △준공 후 2년 이내 재건축 아파트로 세대원 전원이 이사하고 1년 이상 계속 거주하는 요건을 갖추면 양도세 비과세 혜택을 받을 수 있다. 1가구 1주택자가 조합원 입주권을 구입한 경우 기존주택을 3년 이내에 팔 때 양도세 비과세 혜택을 받을 수 있다. 단, 종전 주택을 취득하고 1년 이상이 지나 입주권을 취득해야 비과세가 적용된다. 또 관리처분인가 전 취득할 경우에는 주택으로 보유한 기간 동안 장기보유 특별공제도 받을 수 있다. 관리처분인가 후 취득세는 토지의 취득세율 4.6%를 납부해야 한다. 구체적으론 관리처분인가 후 주택이 멸실돼야 토지 취득세율이 적용된다. 보유세도 토지분 재산세를 내야 한다.

시세확인서
어디서 발급받나요?

부동산
시세확인서가
뭐지?

개인회생

개인회생 신청자

파 산

나몰라씨는 빚을 감당하지 못할 정도로 어려워 개인회생 신청을 하려고 한다.
그런데 법원 회생위원회에서 부동산 시세확인서를 떼오라고 한다.
시세확인서를 회생 기준의 판단요소로 본다고 한다.

그럼 부동산 시세확인서는 무엇이며 어떻게 발급받을 수 있을까?

부동산 시세확인서는 공공기관에서 떼어주는 공식 민원서류가 아니다. 당사자(채무자)가 보유한 부동산 시세(시가)를 당사자가 밝히라는 의미다. 해당 부동산에 대한 청산가치(재산가치)를 파악하기 위한 문서다.

부동산 시세확인서(부동산 시가확인서)는 개인 회생 및 파산뿐만 아니라 이혼 시 재산분할 및 보육비 지원과 같은 민형사소송 등 법원 제출용이나 보상금 및 지원금 신청 증빙서류로 쓰인다. 시세확인서는 공인중개사 자격증을 소지한 중개업자나 감정평가사가 발급해줄 수 있다. 감정평가사는 비용(20만~30만 원)이 비싸 대부분 공인중개사에게 발급받는다.

시세확인서를 제출하라고 하면 당황하지 말고 대상물 주소지와 같은 시군구에 위치한 부동산 중개업소에 가서 소정의 비용을 지불하고 발급받으면 된다. 최근에는 인터넷이나 전화로 발급을 대행해주는 중개업소도 있다.

수수료는 따로 정해진 것은 없다. 5만 원 안팎으로 보면 된다. 통상 토지는 2만 원, 아파트나 토지 + 건물은 5만 원 안팎을 받는다. 물론 아는 중개업소가 있으면 무료로 발급받을 수도 있다.

시세확인서 양식도 따로 정해진 것은 없다. 다만 통상 주소, 지목, 전용면적, 공시가격, 시세가격 및 평가일이 들어간다. 평가의견에는 주택 위치 및 부근 상황, 종합의견, 사용용도를 담고 있다. 마지막으로 시세확인서에 공인중개사 날인을 하고 사업자등록증을 첨부한다.

시세확인서는 용도가 법원 제출용이기 때문에 부동산 매매용으로는 사용할 수 없다. 또 일정 기간이 지나면 시세확인서를 다시 발급받아야 한다.

모델하우스 공간별
체크리스트

맞통풍인가?
싱크대 높이가 적당한가?
수납공간은 충분한가?

내 집 마련을 위해 아파트 모델하우스에 방문할 때에는
공간별로 체크리스트를 만들어 꼼꼼히 확인할 필요가 있다.

특히 입주할 실수요자라면 아파트 실내 공간이 살기에 얼마나 편리한지가 매우 중요하다.

발코니

- 수납공간이 충분한가?
- 선반이 적당한 위치에 설치돼있는가?
- 세탁기 등 수도꼭지 위치는 적당한가?
- 냄새나는 요리를 할 수 있도록 보조 주방이 설치돼 있는가?
- 김치 또는 김치냉장고를 보관할 수 있는 장소가 있는가?
- 빨래를 말릴 수 있는 공간이 충분한가?

거실

- 환기와 채광이 좋은 맞통풍인가?
- 바닥 마감재가 실제 무엇으로 시공되는가?
- 인테리어와 조명기구 디자인이 어울리는가?
- TV, 전원시설 위치가 적절하고 충분한가?
- 거실에서 침실과 주방으로 움직이는 동선이 편리한가?
- 모델하우스 거실 천장 높이가 실제 높이인가?

주방

- 환기와 채광이 좋은 맞통풍인가?
- 주방 동선이 주부가 움직이는 데 불편한 점이 없는가?
- 식기세척기, 가스오븐레인지 등은 기본품목인가? 선택품목인가?
- 냉장고, 식탁을 놓을 공간이 충분한가?
- 싱크대 수납공간은 넉넉한가?
- 싱크대 높이는 적당한가?
- 음식물 조리 시 자연 환기가 잘되는가?
- 가전제품을 사용할 수 있는 콘센트 위치가 적절한가?

침실

- 방 크기가 내 가족 구성원과 맞는가?
- 장롱 침대 등 가구가 침실에 맞는가?
- 붙박이장이 기본품목인가? 옵션품목인가?
- 창문으로 채광과 환기가 잘되는가?
- 전화, 콘셉트, 전원 등 위치와 수량이 적절한가?

욕실&화장실

- 수납공간이 충분한가?

- 환기시설이 충분한가?

- 가전기기를 사용할 수 있는 전원이 있는가?

- 변기에 비데를 설치할 수 있는 여유 공간이 있는가?

- 욕실 바닥 마감재가 미끄럽지 않은가?

- 욕조 및 세면대 크기가 적당한가?

현관

- 신발장 수납공간이 충분한가?

- 신발장 선반 높낮이 조절이 가능한가?

- 신발장 내부에 환기 기능이 있는가?

85 층간소음으로 계약 해지할 수 있나요?

나신혼 씨는 결혼에 준비에 바빠 허겁지겁 월세 계약을 하고 신혼집에 들어왔다. 하지만 윗집의 층간소음이 시도 때도 없이 들려왔다. 노이로제에 걸릴 정도다. 결국, 나 씨는 이사 온 지 2개월밖에 되지 않지만, 이사를 가기로 하고 집주인에게 이를 알렸다. 하지만 집주인은 보증금을 받으려면 알아서 새로운 임차인을 구하고 나가라고 한다.

층간소음 때문에 정상적으로 생활할 수 없다면 전·월세 계약을 중도에 해지할 수 있을까?

핵심은 특약사항에 층간소음 관련 내용을 넣었느냐 여부다.

만약에 특약사항에 '소음 문제가 발생하면 언제든지 이사를 가도 좋다'는 특약사항을 기재했다면 계약만료 전 집주인에게 중도 계약해지를 요구할 수 있다. 이럴 경우 집주인은 새 임차인을 구하고 중개수수료를 부담해야 할 의무가 있다.

하지만 특약사항에 기재돼 있지 않은 경우 임대차계약 기간 중 중도해지를 할 수 없다. 따라서 특약사항이 없는 상황에서 중도 계약 해지하려면 집주인과 합의가 필요하다. 통상 집주인이 계약해지를 해주는 조건으로 임차인이 새 임차인을 구하고 중개수수료를 부담한다. 이는 일종의 조건부 합의해지 또는 중도해지로 인한 손해배상금으로 보면 된다.

다만 명백한 사유가 있다면 임대인에게 중도 계약해지를 요구할 수는 있다. 예를 들어 층간소음으로 정상적인 생활을 할 수 없다는 주장을 입증하면 임대인의 채무불이행으로 인한 계약해지를 주장할 수 있다.

하지만 계약을 해지할 정도로 층간소음이 심하다는 사실(주간 43dB 초과, 야간 38dB 초과)을 임차인 본인이 입증해야 한다. 또 소송비용, 시간 소비 등에 있어 소모적인 분쟁이 될 수 있다. 따라서 집주인과 합의하고 이사 가는 게 가장 바람직하다.

86 양도세를 적게 내는 방법

주택 등 부동산을 팔 때 양도차익이 발생하면
양도소득세를 내야 한다.
물론 1가구 1주택 양도세 비과세 대상이라면 양도차익이 발생하더라도
양도세를 내지 않는다.

부담되는 양도세를 적게 내는 방법은 없을까?

이를 위해선 양도세 절세를 위한 기본상식을 꼭 알아야 한다.

하나 1세대 1주택 비과세가 최대 절세 방법이다

우선 1주택은 물론 1세대 요건을 갖춰야 한다. 1세대란 거주자 및 배우자 및 가족이 양도 당시 동일한 장소에서 생계를 같이 하는 가족을 말한다. 취득일로 부터 양도일까지 2년 보유요건을 갖춰야 한다. 취득일은 잔금지급일, 등기일, 실제 사용일 중 가장 빠른 날이다. 등기가 돼 있어야 한다. 실거래 양도가액이 9억 원 이하여야 한다. 부수토지가 주택 면적의 5배 이내여야 한다. 농촌 지역의 경우는 10배 이내.

둘 보유 기간은 최소한 1년을 넘겨라

부동산을 팔 때는 보유 기간에 따라 양도세율이 달라진다. 보유 기간이 1년 미만이면 40% 단일세율이 적용된다. 1년 이상이면 양도차익에 따라 6~38%의 누진세율을 적용한다.

셋 1년에 하나씩만 팔아라

같은 연도(1.1~12.31)에 양도차익이 발생한 부동산을 2건 이상 처분할 경우 양도차익을 합산해 높은 양도세율이 적용될 수 있다. 따라서 부동산은 1년에 하나씩 처분하는 게 좋다. 물론 손해 보고 판다면 상관없다.

넷 양도차익이 큰 주택을 가장 늦게 팔아라

다주택자라면 양도차익이 큰 주택을 가장 늦게 팔아야 한다. 1세대 1주택 비과세를 활용해야 한다. 양도차익이 적은 주택부터 먼저 팔아야 한다.

🔵다섯 일시적 1세대 2주택을 활용하라

일시적 1세대 2주택은 1가구 주택으로 인정받아 양도세 비과세 혜택을 받을 수 있다. 단 새 주택 취득일부터 3년 이내 기존 주택을 양도해야 한다.

🔵여섯 3년, 5년, 10년 지나 팔아라

다주택자가 3년 이상 보유를 하면 장기보유 특별공제를 받을 수 있다. 3년 이상 보유한 주택의 10%, 4년 이상 보유한 경우 12%, 5년 이상부터는 1년 단위로 3%씩 추가로 장기보유 특별공제를 해 주고 있다. 10년 이상이면 최대 30%까지 장기공제를 받을 수 있다. 또 1세대 1주택이지만 양도가액이 9억 원을 초과하는 고가주택의 경우 3년 이상이면 24%부터 매년 8%씩 최대 80%까지 특별공제를 해준다.

🔵일곱 양도세 예정신고를 하라

부동산을 양도하는 경우 양도 일이 속하는 달의 말일로부터 2개월 이내 양도세 예정신고를 해야 한다. 기한 내에 신고납부를 하지 않으면 세법상 의무 불이행으로 인한 가산세가 부과된다. 또 팔아서 손해 본 사람도 신고의무가 있다. 단 1세대 1주택 비과세 등 비과세 대상은 양도세 신고의무가 없다. 반면 100% 감면 대상자는 신고해야 한다.

🔵여덟 필요경비 증빙서류를 챙겨라

사고 보유하고 팔 때 부담했던 취득비용, 자본적 지출(수리), 양도비용을 필요경비라고 한다. 법무사 비용, 취득세와 농어촌특별세, 교육세, 부동산 중개수수료, 섀시설치비, 발코니확장비 등 세금계산서나 영수증 등을 잘 챙겨 둬야 한다. 필요경비로 인정받으면 그만큼 양도차익이 줄어들어 양도세를 적게 낸다.

양도차익이 많으면 배우자에게 증여하라

양도차익이 많은 부동산을 배우자에게 증여하면 양도세를 줄일 수 있다. 배우자 간 증여세는 실거래가를 기준으로 5년간 6억 원까지 공제해준다. 증여 후 부동산을 양도하면 취득가액이 높아져 양도차익이 줄어 양도세를 적게 낸다. 다만 배우자에게 증여했을 경우 5년 이상 보유하고 양도해야 증여 시점부터 양도로 인정해준다. 개인별 양도세를 계산해 낮은 누진세율을 적용받게 된다. 양도세 기본공제액을 250만 원씩 각각 적용받게 된다.

➕ 플러스 TIPS

필요경비 중 자본적 지출(수선비)
2015.12.24. 발표한 소득세법 시행령 개정안에 따라 2016년부터 법적 증빙을 갖춘 경우에 한하여 자본적 지출을 인정할 예정! 따라서 샷시 설치비용 등 자본적 지출액에 대해 양도소득세 계산 시 필요경비로 인정받기 위해서는 반드시 법정 증빙인 신용카드매출전표영수증, 현금영수증, 세금계산서, 계산서를 수취하여야 한다.
2016년부터는 계좌 이체 및 간이영수증을 수령하는 경우에는 양도소득세 계산 시 경비로 인정받지 못함을 명심하자!

무주택자로 간주되는 소형 저가주택이라?

청약통장 가입자가 청약 시 주택을 소유하고 있음에도 무주택자로 간주되는 경우가 있다. 바로 바로 소형 저가주택을 보유하고 있는 경우다.

청약에서 무주택자로 간주되는 경우는 일반공급으로 민영주택 또는 민간건설중형 국민주택에 청약하는 경우에 한한다. 특별공급에서는 유주택자로 인정받으니 유의해야 한다. 청약자가 전용면적 85㎡ 이하 주택을 1순위로 청약가점제(전체 물량의 40%)로 청약할 경우에 무주택자로 간주된다.

무주택자로 간주되는 소형 저가주택을 보유한 1주택자의 경우 청약가점을 무주택기간에 따라 최소 2점(1년 미만)에서 최대 32점(15년 이상)을 받을 수 있다. 참고로 무주택기간은 만 30세부터 또는 혼인신고일부터 중 청약자가 유리한 것을 선택하면 된다. 소형 저가주택의 기준은 2015년 11월 현재 전용면적 60㎡ 이하로 공시가격이 1억3천만 원(수도권) 또는 8천만 원(비수도권) 이하여야 한다.

저가주택에서 저가의 기준은 시세가 아니라 주택공시가격이다. 입주자모집공고일 이전에 부동산 가격공시 및 감정평가에 관한 법률 16조 또는 17조에 따라 공시된 가격(이하 주택공시가격) 중 입주자모집공고일에 가장 가까운 날에 공시된 주택공시가격을 기준으로 한다. 다만 입주자모집공고일 이전에 주택을 처분할 경우에는 처분일 이전에 공시된 주택공시가격 등 처분일에 가장 가까운 날에 공시된 공시가격을 주택가격으로 본다.

아파트 연립주택 다세대 등 공동주택의 공시가격은 매년 1월 1일 기준으로 조사해 4월 30일에 공시하는 공동주택가격을 국토교통부나 한국감정원 홈페이지를 통해 확인하면 된다. 단독주택, 다가구의 경우 시군구에서 매년 6월 1일 기준으로 조사해 9월 30일 공시하는 개별주택가격을 확인해야 한다.

무주택자로 인정받으려면 반드시 소형 저가주택은 입주자모집 공고일 현재 1세대에서 1주택만 보유해야 한다. 소형 저가주택을 청약자 및 배우자가 각각 한 채씩 보유하면 유주택자로 인정받는다. 또 동일 세대에서 청약자 및 배우자를 제외한 자녀 또는 부모가 소유하는 경우에도 유주택자로 본다.

한편 소형 저가주택을 보유했다 처분하고 계속 무주택자로 있는 경우 청약가점을 계산할 때 해당 소형 저가주택 보유 기간도 무주택기간으로 인정해준다.

재건축 대체주택 비과세 요건

재개발 재건축으로 인해 대체 취득한 주택에 대해서는
양도소득세를 비과세해주는 특혜 규정이 있다.

하지만 일정 요건을 갖춰야 1세대 1주택으로 보고
양도세 비과세 혜택을 받을 수 있다.

❶ 재개발 재건축 사업시행인가 당시 1주택 보유자일 것

❷ 사업시행인가일 이후 대체주택을 취득해 1년 이상 거주할 것

❸ 관리처분계획에 따라 취득하는 새 아파트가 완공된 후 2년 이내 세대 전원이 이사해 1년 이상 거주할 것

❹ 관리처분계획에 따라 취득하는 새 아파트가 완공되기 전 또는 완공된 후 2년 이내에 대체주택을 양도할 것

위 네 가지 요건 중 하나라도 충족하지 못하면 대체주택 양도세 비과세 혜택을 받을 수 없다. 네 번째 요건에서 새 아파트가 완공되기 전 대체주택을 매도한 경우 양도세 비과세 혜택을 받으려면 새 아파트 완공 후 후 2년 이내에 새 아파트로 이사해서 1년 이상 거주해야 한다.

대체주택 비과세 특례를 받고 또 다른 대체주택을 취득해 1년 이상 거주한 후 양도한 경우는 나중에 취득한 대체주택에 대해서만 비과세 혜택을 받는다. 동일 세대원에게 양도해 양도 후에도 계속 1세대 2주택자인 경우면 비과세 혜택을 받을 수 없다. 따라서 제삼자에게 양도하거나 별도 세대원에게 양도해야 한다.

대체주택을 취득해 연속해서 1년 이상 거주해야 비과세 혜택을 받을 수 있다. 총 거주 기간이 합산해서 1년 이상 되더라도 혜택을 받을 수 없다.
새 아파트 완공된 후 2년 이내에 세대 전원이 이사해 1년 이상 계속하여 거주해야 하지만 가족 구성원 중 일부가 취학, 근무상 형편, 질병 요양 등 사유로 다른 시군으로 주거를 이전해 세대 전원이 이사하지 못하는 때에도 세대 전원이 이사한 것으로 보고 양도세 비과세 혜택을 받을 수 있다.

주방 보물창고, 팬트리를 아시나요?

팬트리

- 주방에서 가까운, 식료품이나 식기를 두는 방
- 상온에 둘 수 있는 식료품을 보관하는 창고
- 식기를 보관하는 수납공간

요즘 주택건설사들은 소비자 라이프스타일에 맞게 아파트 평면을 적극적으로 설계하고 있다. 특히 3베이 또는 4베이, 중소형이 인기를 끌면서 틈새 공간을 수납공간으로 만드는 평면설계 경쟁이 치열하다. 최근에는 발코니 등 서비스 면적을 최대한 활용하면서 알파룸이 인기를 끌고 있다. 이와 함께 수납공간을 최대화할 수 있는 팬트리(PANTRY)가 주부들에게 인기다. 과거 팬트리가 없는 아파트에선 발코니, 싱크대 수납장, 다용도실 등에 식자재를 보관하기도 했다. 하지만 지저분해 보이고 동선도 좋지 않아 식자재를 찾기가 힘들어 불편했다.

팬트리의 사전적 의미는 주방에서 가까운, 식료품이나 식기를 두는 방(공간)을 말한다. 간단하게는 수납창고라고 한다. 식자재를 깔끔하게 일목요연하게 보관할 수 있다. 구체적으로 팬트리란 감자, 고구마, 양파, 쌀, 콩, 잡곡, 양념류, 가공식품 등 상온에 둘 수 있는 식료품을 보관할 수 있는 창고로 보면 된다. 또 주방기구나 그릇, 양념통 등 식기를 보관할 수 있는 수납공간이다. 특히 손님용 그릇을 보관하는 공간으로 아주 좋다.

팬트리는 4베이 중소형의 경우 보통 주방 옆에 배치된다. 또 3베이냐, 4베이냐에 따라, 주택 크기에 따라 현관 옆이나 주방과 연결된 보조 주방에 배치하기도 한다. 팬트리는 기본적으로 주방 옆에 설치되거나 발코니 확장 시 팬트리를 계약자의 선택으로 설치하는 경우가 많다.

또 중대형의 경우 가족 수와 라이프스타일에 따라 △자녀 방 △드레스룸 또는 팬트리 등 수납공간 △서재 또는 맘스룸 등 계약자가 취향에 따라 선택할 수 있게 하는 경우도 있다.

오피스텔 전매제한 있다?
VS 없다?

입주전에
오피스텔 분양권을
팔아야 하는데…

오피스텔 분양권은 자유롭게 전매를 할 수 있다고 생각하는 사람이 많다.
하지만 이는 잘못된 생각이다.

2016년 4월 현재 오피스텔 분양권에도 전매 제한이 있다.
다만 아파트처럼 전매제한 기간이 아니라 매수자 인원을 제한하고 있다.

오피스텔 전매제한에 대해선 건축물 분양에 관한 법률 6조의 3(분양 건축물의 전매행위 제한)에 나와 있다.

❶ 대통령령으로 정하는 건축물을 분양받은 자 또는 소유자는 분양계약을 체결한 날부터 사용승인 후 1년의 범위에서 대통령령으로 정하는 기간에는 분양받은 자의 지위 또는 건축물을 전매(매매, 증여, 그 밖에 권리가 변동되는 모든 행위를 포함하되 상속은 제외한다. 이하 같다)하거나 이의 전매를 알선할 수 없다. 이 경우 전매제한 기간은 행정구역이나 「주택법」 제41조 제1항에 따라 지정되는 투기과열지구 등을 고려하여 대통령령으로 다르게 정할 수 있다.

❷ 제1항에 해당하지 아니하는 건축물로서 분양사업자와 분양받은 자가 제6조 제4항에 따른 분양계약 체결을 한 건축물의 경우에는 사용승인 전에 2명 이상에게 전매하거나 이의 전매를 알선할 수 없다.

❸ 제2조 제2호 단서에 따라 분양에 해당하지 아니하는 방법으로 매입한 건축물과 제3조 제2항 제5호 및 제6호에 해당하는 건축물의 경우에는 사용승인 전에 2인 이상에게 전매하거나 이의 전매를 알선할 수 없다.

쉽게 풀어쓰면 오피스텔을 분양받은 사람은 입주(사용승인) 전에 두 명 이상에게 전매를 할 수 없다. 오피스텔 여러 채를 보유한 사람이 한 사람에게 한꺼번에 전매할 수는 있으나 2명 이상에게는 전매할 수 없다는 것이다. 예를 들어 오피스텔 분양권을 2개 갖고 있을 경우 한 사람에게 분양권 2개를 모두 전매할 수 있다. 하지만 서로 다른 두 사람에게 각각 1개씩 전매를 할 수는 없다. 이런 경우 하나를 전매하면 나머지 하나는 입주할 때까지 보유해야 한다. 만약 이를 어길 경우 1년 이하의 징역이나 1억 원 이하의 벌금에 처한다.

오피스텔 전매제한은 지난 2008년 오피스텔 분양 열풍으로 인한 투기를 방지하기 위해 도입됐다. 지난 2014년부터 폐지를 추진하고 있으나 아직까지 존재하고 있다.

BOOK in BOOK

↓

오윤섭의
부자노트

타이밍 잘 잡으려면
꼬리 잃은 여우의 말은 무시하라

보통 사람은 왜 언론 보도에 일희일비하고, 언론에 나오는 속칭 전문가라는 사람의 말을 쉽게 믿을까? 또 왜 시장 침체기에 매입을 하지 못하고 활황기에 추격 매수에 나설까? 보통사람은 왜 시장과 가격에 순응적이고 독자적인 행동이 아닌 집단적인 결정에 따르는 걸까? 부동산 투자에 실패하는 근본적인 이유를 따져보면 보통 사람이 투자에 성공하는 비결을 알 수 있다.

먼저 이솝 우화를 하나 소개한다.

— "아이고, 여우 살려!" 캐캥 캐캥! 숲 속이 온통 여우 소리로 시끌시끌해졌어요. 무슨 소리냐고요? 글쎄, 여우란 놈의 꼬리가 사냥꾼이 놓은 덫에 덥석 걸렸답니다. 다행히 끙끙 힘을 줘 겨우 빠져나오긴 했지만, 꼬리가 반이나 잘려나가 버렸어요. 여우는 창피해서 어쩔 줄을 몰랐답니다.

"이를 어쩌지? 다른 여우들은 모두 길고 보기 좋은 꼬리를 가지고 있는데 내 꼬리만 이렇게 달랑거리니 다른 녀석들이 나를 놀릴 거야."

여우는 친구들한테 가지도 못하고, 달랑거리는 자기 꼬리만 보고 또 보았어요. 그런데 갑자기 아주 멋진 생각이 떠올랐어요. '맞아, 내 꼬리처럼 친구들의 꼬리도 짧아지면 되잖아!' 그래서 꼬리 잘린 여우는 아주 멋진 걸음걸이로 친구들한테 갔어요. 잘린 꼬리를 높이 쳐들고 말이지요.

"얘들아, 내 모습 좀 봐. 멋지지 않니? 내 꼬리 좀 보라고. 이렇게 짧으니까 얼마나 산뜻하고 시원한지 몰라."

꼬리 잘린 여우의 말에 다른 여우들이 자기 꼬리를 보았어요. 그 말을 들으니까 왠지 기다란 꼬리가 우스꽝스럽게 보였지요.

"이건 비밀인데 말이야, 꼬리가 짧으니까 사자를 만나도 겁이 안 나. 왜냐하면 전보다 더 빨리 도망갈 수가 있거든." 꼬리 잘린 여우는 그렇게 거짓말을 하며 슬쩍 친구들을 훔쳐봤어요.

모두들 마음이 움직이는 눈치였어요. 그런데 갑자기 저 뒤쪽에 있던 여우가 이렇게 말하는 게 아니겠어요. "그런데 말이야, 네 꼬리가 잘리지 않았으면 우리한테 그런 말을 했겠니?" 꼬리를 잃은 여우는 그만 말문이 막히고 말았어요. 다 같이 꼬리를 자르자고 꾀려던 계획이 실패로 돌아갔을 뿐 아니라 오히려 망신을 당한 셈이니까요. 당황한 여우를 보며 친구들은 일제히 웃음을 터뜨렸습니다. 그 뒤로 꼬리를 잃은 여우는 친구들 앞에 나타나지 않았답니다.

우리가 잘 아는 이솝 우화 〈꼬리 잃은 여우〉다. 해석하기 나름이겠지만 제가 강조하는 것은 보통 사람은 투자를 할 때 스스로 결정하기보다는 중개업소, 주변 사람, 전문가(부동산 전문가, 정관계, 경제계 등)의 말이나 언론 보도에 따라 결정한다는 것이다. 이들은 대부분 꼬리 잃은 여우처럼 시장에서 이해관계가 얽힌 사람이다.

최소한 수천만 원에서 수억 원을 부동산에 투자하면서 '꼬리 잃은 여우'의 말을 믿고 투자해서는 평균 이상의 수익률을 올릴 수 없고 실패할 가능성이 높아진다는 것을 명심해야 한다. 여우들의 말은 무시하거나 참고만 하면 된다. 소극적 투자자이든 적극적 투자자이든 독자적으로 생각하고 행동해야 한다.

그러면 보통 사람이 독자적인 생각과 행동으로 부동산 가치투자에 성공할 수 있는 비결에는 세 가지가 있다. 알고 보면 너무 평범하지만, 실행을 하는 것이 관건이 된다.

첫째, 투자자로서 자신의 능력 범위를 설정하는 것이다.

투자 스타일은 물론 투자자로서 투자 대상을 어디까지 삼아야 할 것인지를 미리 결정하는 것이다. 구체적으로 지역적으로 설정할 수 있고 상품으로 설정할 수 있다.

가장 바람직한 방법은 투자 스타일에 따라 내가 잘 아는 지역의 잘 아는 상품을 투자대상으로 한정하고 선택과 집중으로 장기 투자하는 것이다.

둘째, 배우고 분석하고 조사해야 한다는 것이다.

투자대상(상품과 지역)을 선정했다면 매일 배워야 한다. 어떻게 배우냐고? 매일 경제지와 종합지 신문 하나씩 정독하고 투자대상에 대한 소식을 읽고 분석하는 것이다. 또 가치투자에 스승(멘토)으로 삼을만한 사람의 책을 정독하고 실행하는 것이 필요하다. 최고가 되려면 최고를 연구해야 한다. 이때 왕성한 호기심이 필요하다. 그리고 발품을 팔아 투자대상을 현장에 가서 확인하고 분석하고 조사하는 것이다. 투자에 앞서 최소한 1년간은 심층보도를 쓰는 기자의 심정으로 투자대상을 심층 분석해야 한다.

셋째, 합리적으로 가치투자를 해야 한다.

시장에 휘둘리지 않고 감정에 치우치고 않고 합리적으로 투자해야 한다. 이를 위해선 시장가격보다 내재가치가 높은 투자대상을 선정해 장기 투자하는 것아 바람직하다. 이때 최소한 3년 이상 보유할 가치가 있다고 확신이 선후 투자해야 한다. 매입 타이밍은 일시적인 시장 침체기가 가장 좋다. 시장이 붕괴되더라도 일시적으로 가격이 하락하겠지만, 미래가치는 높아지는 대상을 골라야 한다.

시장에 지배당하느냐, 시장을 지배해 독자적으로 행동할 수 있느냐는 평생 보통 사람으로 남느냐, 부자가 되느냐를 결정할 것이다. 보통 사람이 시장을 지배하기 위해선 위 세 가지 비결을 매일 실행하면 된다.

주상복합 아파트 장단점

분양가, 전용률, 환기, 관리비를 꼼꼼히 따져봐야 한다는데…

이삿짐

같은 듯, 다른 듯한 주상복합 아파트와 일반 아파트.

각각 장단점은 무엇이 있을까?

입주민이 살기에 편한 점과 불편한 점은 무엇이 있을까?

주상복합 아파트는 상업지역에 들어서며 건축법 적용을 받는다.
일반아파트는 주택법. 주상복합 부지에 연면적 70% 이하로
주상복합 아파트 등 주거공간을 지을 수 있다.
최근 주상복합 아파트는 주거환경을 쾌적하게 하기 위해
부지 내에 상가, 오피스텔, 아파트를 따로 짓는다.

장점

가장 큰 장점은 편의시설을 이용하기 매우 편리하다는 것이다. 주상복합 지역 내에 마트, 헬스장, 골프연습장, 은행, 커피숍, 영화관 등이 함께 있어 원스탑 리빙(Living)을 할 수 있다. 도심역세권에 들어서 지하철 등 대중교통을 이용하기가 편리하다. 보안 방범이 일반아파트보다 좋고 대부분 50층 이상 초고층이기 때문에 조망권이 탁월하다. 또 라멘구조로 층간 간격이 넓어 일반아파트에 비해 층간소음에 강하다. 과거에 단점으로 지적된 실내 환기는 슬라이딩 창호를 적용하는 등 통풍시설이 좋아져 2011년 이후 분양된 주상복합은 오히려 장점으로 부각되고 있다. 맞통풍이 가능한 판상형 주상복합도 나오고 있다.

단점

전용면적 대비 분양가가 비싸다는 게 최대 단점이다. 주상복합 아파트는 지하주차장을 공급면적(분양면적)에 포함시킨다. 일반아파트는 공급면적에서 제외, 서비스로 제공된다. 따라서 전용률이 낮다. 일반은 85% 안팎이지만 주상복합은 75% 안팎으로 10% 포인트 차이가 난다. 따라서 전용면적당 평당 분양가가 일반아파트보다 비싸다. 또 주택면적이 넓고 수요층이 두텁지 못해 환금성이 떨어진다. 분양가가 비싸니 재산세도 많이 나온다. 관리비가 일반아파트에 비해 1.5배 안팎 비싸다. 특히 지하주차장이 포함된 공급면적 기준으로 관리비를 책정하기 때문에 비쌀 수밖에 없다. 다만 과거에는 상가, 오피스텔과 관리비를 1/N로 정산했지만, 지금은 별도 정산하기 때문에 관리비가 낮아졌다. 주상복합은 외벽이 통유리로 돼 있는 유리 외벽의 경우 단열성능이 떨어져 겨울엔 춥고 여름엔 더워 냉난방비도 많이 나온다. 또 놀이터 등 아이들을 위한 시설이 부족하다. 서비스면적이 일반아파트에 비해 적은 것도 단점이다.

대출규제 궁금증을 풀어주마

재고아파트 담보대출을 규제하는 게 핵심?

주택담보대출

가계부채가 늘어나고 미국 금리 인상으로 인해
박근혜 정부는 **주택담보대출을 규제**하기 시작했다.

2015년 12월 15일 금융위원회는
주택담보대출 심사를 강화하는 가이드라인을 발표했다.

대출규제에 대한 궁금증이 많은 수요자들을 위해 2016년 대출규제(수도권 2월부터, 지방 5월부터) 팩트를 정리해보겠다.

재고아파트를 살 때 주택담보대출을 규제한다는 게 핵심이다. 하지만 이보다 중요한 것은 주택시장 상황에 따라 대출규제는 언제든지 냉탕과 온탕을 오간다는 것이다. 따라서 실수요자라면 대출 규제의 팩트를 정확하게 알고 레버리지 효과를 적절하게 이용하는 게 중요하다.

주택담보대출 규제

재고아파트 등 새 주택을 구입을 할 때 비거치식 원리금균등 분할상환이 적용된다. 예를 들어 무주택자가 기존 재고아파트를 구입할 경우 2016년부터는 거치기간은 최대 1년만 주고 30년간 원금과 이자를 갚아야 한다. 종전에는 이자만 월 40만 원을 부담했으나 이제는 원금 60만 원 포함 매달 100만 원씩 부담해야 한다. 무주택 서민이 최대 피해자가 될 수밖에 없다.

또 지방도 집값 대비 대출금(LTV)나 연 소득대비 원리금 상환비율(DTI)이 60%를 넘으면 2016년 5월 2일부터 비거치식 분할상환이 적용된다. 수도권은 이미 DTI, LTV 60% 이하가 적용되고 있다. 다만 1주택자가 다른 주택을 구입하고 기존주택을 3년 안에 매도할 경우 DTI 60% 이내 한도에서 종전처럼 3~5년 거치식으로 대출받을 수 있다.

한편 2018년 12월 31일 이전에 같은 은행에서 같은 금액 이하로 대환하는 경우, 즉 기존 주택담보대출의 거치기간을 연장할 경우 비거치식 분할상환 대상이 되더라도 1회에 한해 거치기간을 최장 3년까지 설정해준다.

중도금 대출 규제

언제 바뀔지 모르겠지만 12.15 가이드라인에서는 집단대출에 대해선 규제를 하지 않기로 했다. 중도금 대출은 집단대출이다. 대한주택보증과 건설사 간 분양 아파트를 담보로 진행되는 집단대출이다. 따라서 개인대출이 아니니 대출 규제를 받지 않는다. 물론 분양권을 산 사람도 대출승계를 받으니 중도금 대출에 대해 규제를 받지 않는다.

잔금 대출 규제

역시 12.15 가이드라인에 따라 잔금 대출도 집단대출이므로 대출규제를 받지 않는다. 입주 시점 신용불량자가 아니라면 잔금대출을 받을 수 있다. 즉 종전대로 3~5년 거치식 원금 일시상환으로 주택담보대출을 받을 수 있다는 것이다.

플러스 TIPS

DSR이란 무엇인가?

2016년 핫 키워드 중 하나! DSR이란 무엇인가?

DSR이란 'Dabt Service Ratio'의 약자로 '총부채 원리금 상환비율'이다. 주택담보대출자의 상환능력을 평가하는 DTI(Debt To Income, 총부채상환비율) 보다 강화된 대출 사후관리를 위한 지표로 차입자의 모든 부채에 대한 원리금 상환부담을 연 소득 대비로 나타낸 지표다. 결과적으로 DSR이 적용되면, 주택담보대출을 받을 때 기존의 부채가 있는 경우 대출 가능한 금액이 줄어들게 된다.

전세사기를 막는 예방법

전세대란을 틈타 전세입자를 노리는 전세사기가 크게 늘어나고 있다. 하지만 **기본에 충실해 전세계약을 맺는다면 전세사기를 대부분 예방할 수 있다.** 최근 전세사기 수법으로는 부동산 중개업 무자격자가 공모자와 함께 월세를 여러 채 얻어 중개업자와 집주인으로 위장하고 전세계약을 맺어 전세금을 가로채는 수법이 있다. 또 임차인이 집주인 신분증 사본을 이용해 집주인 행세를 하며 전세계약을 하고 전세금을 가로채는 경우가 있다.

또 원룸, 다가구 등 임대차계약을 집주인으로부터 위임받은 중개업자 또는 관리인이 전세금을 가로채는 경우도 있다. 집주인에게는 월세 계약으로 통보하고 전세금을 받아 가로채기도 한다.

전세사기를 막기 위해선 집주인이 진짜인지를 확인하고 전세계약을 맺는 것이 가장 중요하다.

우선 집주인이 등기부 등본상 소유자와 일치하는지를 확인한다. 집주인인지를 확인하는 방법으로는 신분증, 임대차 주택 공과금 영수증, 등기권리증 등을 대조해보면 알 수 있다. 집주인지 확인하고 나서 전세금의 계약금, 중도금, 잔금을 집주인에게 입금하는 것이 좋다. 주민등록증 등 신분증 진위여부는 ARS 1382번 전화를 걸거나 민원24(www.minwon.go.kr)에서 확인할 수 있다.

집주인으로부터 위임받은 사람과 계약하는 경우 인감증명서와 위임장의 도장 날인이 일치하는지를 체크하고 위임 여부를 집주인에게 직접 확인해야 한다.

부동산 중개업자는 중개업소에 게시돼있는 자격증 사진과 실제 중개업자가 일치하는지를 확인한다. 등록된 중개업자의 사실 여부는 해당 시군구 담당 부서에서 확인할 수 있다. 공제보험에 가입됐는지도 확인해야 한다. 고가 전세라면 집주인과 잘 아는 중개업소에서 전세계약을 하는 것이 안전하다.

시세보다 전세금이 낮은 주택은 의심하는 것이 좋다. 주택에 하자가 있거나 이중 계약을 하는 전세사기일 가능성이 있기 때문이다. 시세보다 낮은 이유를 확실하게 알아낸 뒤 전세계약을 해야 한다. 특히 등기부 등본을 통해 대출 규모 등을 확인하는 것이 필수다.

전세사기를 당했을 경우 대한법률구조공단(www.klac.or.kr)이나 경제민주화를 위한 민생연대(www.minsaeng.org)을 통해 도움을 받을 수 있다.

월세 낸 것 돌려받기

지난 2014년 귀속 연말정산부터 월세 소득공제가 세액공제로 바뀌었다. 세액공제란 근로자 세금을 먼저 계산하고 일정 금액을 세금에서 제외하는 것을 뜻한다. 월세입자는 전입신고를 하고 낸 연간 총 월세액의 10%를 공제(1인당 최대 75만 원)받을 수 있다. 하지만 세원 노출을 꺼리는 집주인의 눈치를 보다 공제받지 못하는 경우가 매우 많다.

△공시지가 9억 원 이하를 보유한 1주택자가 월세를 놓을 경우 비과세 △주택 수 상관없이 연간 총 주택 임대수입이 2,000만 원 이하일 경우 2014~2016년 비과세 △2017년부터 분리과세로 세 부담이 크지 않다는 것을 집주인에게 알릴 필요가 있다.

월세 세액공제 자격

- 연간 총급여 7,000만 원 이하 직장인(4대 보험 가입자. 종합소득금액 6,000만 원 초과자 제외)
- 과세기간 종료일(매년 12월 말일) 현재 무주택 세대주
- 전용면적 85㎡ 이하 주택 또는 주거용 오피스텔(2013년 8월 13일 이후 낸 월세부터 적용)
- 임대차계약서 주소지와 주민등록등본 주소지가 같아야 한다. 전입신고 필수

필요 서류

- 주민등록등본
- 임대차계약서 사본
- 계좌이체 확인서 및 무통장입금증 등 집주인에게 월세액을 지급했음을 증명할 수 있는 서류

세액공제 신청 방법

- 현주소지 관할 세무서에 직접 방문해 신청
- 현주소지 관할 세무서에 우편 발송
- 국세청 현금영수증 서비스 홈페이지(www.hometax.go.kr)에서 신청

과거에 공제 혜택을 받지 못한 월세도 소득공제(세액공제)를 받을 수 있다. 월세를 낸 달로부터 5년까지는 경정청구를 신청하면 된다. 다만 2013년 귀속분까지는 확정일자를 받아야 한다. 또 2010~2013년 귀속분 월세 소득공제 요건이 다르기 때문에 자격과 필요 서류를 확인해야 한다. 결정세액(산출세액−세액감면액−세액공제액)이 0원이면 월세 세액공제를 받을 수 없다. 한국납세자연맹(www.koreatax.org) 홈페이지에서 연말정산 > 연말정산 120% 환급 계산기로 결정세액을 미리 알아보는 것도 좋다.

➕ 플러스 TIPS

경정청구란?

경정청구란, 납세의무자가 정해진 기간 안에 세금을 납부했지만 부당한 이유로 세금을 더 냈거나, 잘못 냈을 경우 돌려줄 것을 요청하는 것을 말한다. 월세 세액공제를 받기 위해서는 반드시 근로소득자 본인 명의로 계약! 배우자 대리 계약조차 NO! 전입신고는 필수! 세액공제를 둘러싼 집주인과 세입자의 갈등은 점점 커지고 있다. 집주인이 세액공제를 만류하는 경우 분쟁으로 몰아가기보다는 향후(월세 낸 달부터 5년 이내 가능) 경정청구 등을 신청하는 것도 방법이다.

95 행복주택으로 보금자리 마련하기

젊은층을 위한 행복주택은
뉴스테이와 함께 박근혜 정부의
주거복지 정책의 핵심이다.

2017년까지 14만 가구를 공급할 예정이다.

행복주택은 전용면적 45㎡ 이하 도심형 공공임대주택이라고 보면 된다. 대중교통으로 직장이나 학교를 다니기 편리한 곳에 건설된다. 임대료는 주변 시세보다 20~40% 낮게 공급된다. 행복주택은 내가 사는 거주지가 기준이 아니라 내가 다니는 학교나 직장 위치에 따라 청약할 수 있다. 가구수의 80%는 대학생, 신혼부부, 사회초년생, 산업단지 근로자에게 우선 공급된다. 행복주택에는 게스트하우스, 공동세탁실, 까페, 스터디룸 등 편의시설이 설치된다. 행복주택에 입주하려면 행복주택 홈페이지(www.molit.go.kr/happyhouse)를 통해 공급계획을 숙지하고 입주자 모집공고를 통해 입주자격이 되는지를 최종 확인하고 청약하면 된다.

모집공고는 통상 입주 1년 전에 한다.

입주자격

입주자격에는 소득수준, 부동산 및 자동차 등 자산소유 여부, 청약통장소유 여부 요건이 있다.

- 신혼부부 최소한 부부 중 한 명이 인근 직장(국민건강보험 적용 사업장)에 재직 중인 결혼 5년 이내 무주택세대 구성원. 세대 소득이 평균 소득(2015년 기준. 3인 가구 이하 도시 근로자 월평균 소득 4백73만4,600원)의 100% 이하(맞벌이일 경우 120% 이하), 국민임대주택 자산 기준 충족
- 사회초년생 인근 직장에 재직 중인 취업 5년(합산) 이내 미혼 무주택자.

본인 소득이 평균 소득의 80% 이하(세대는 100% 이하), 국민임대주택 자산 기준 충족
- 대학생 인근(맞닿은 시군 포함) 대학교에 재학 중인 미혼 무주택자. 본인·부모 합계 소득이 평균 소득의 100% 이하, 부동산 및 자동차 미소유(본인)

인근이란 행복주택 건설지역과 맞닿은 특별시, 광역시, 특별자치시, 시군을 말한다. 서울 가좌지구의 경우, 서울시 및 서울시와 맞닿은 부천시, 과천시, 고양시, 하남시, 성남시 등에 소재한 대학교, 직장에 다니고 있으면 된다.

2016년부터는 취업준비생(고등학교나 대학교를 졸업 또는 중퇴한 지 2년을 넘지 않은 만 34세 미만 무주택 구직자나 대학원생)과 예비 신혼부부(입주자 모집공고일 현재 결혼을 계획 중이고 입주 전까지 혼인 신고를 마치는 무주택자)도 입주신청을 할 수 있다.

신혼부부 및 사회초년생 자산 기준은 입주자 모집공고일 현재 국민임대 자산 기준(2015년 기준)인 부동산 1억2,600만 원 이하, 자동차 2,489만 원 이하여야 한다.

신혼부부, 사회초년생, 산업단지 근로자의 경우 청약저축이나 주택청약종합저축에 가입해야 한다. 다만 행복주택에 입주하더라도 통장 효력은 상실되지 않아 다른 아파트를 분양받을 수 있다.

거주 기간

신혼부부, 대학생, 사회초년생의 행복주택 거주 기간은 최대 6년이다. 전세처럼 2년마다 두 차례 계약을 갱신할 수 있다. 다만 행복주택에 살던 대학생이 취업하거나 사회초년생이 결혼할 경우에는 최대 10년까지 살 수 있다.

또 신혼부부 입주자가 자녀를 출산할 경우에는 1명당 2년씩 최장 10년까지 거주 기간을 연장해준다. 사회초년생과 신혼부부는 계약을 갱신할 때 소득 기준을 20% 높여 적용한다.

➕ 플러스 TIPS

홈스(Homes) 기자단
국토교통부에서는 순차적으로 행복주택에 대한 궁금한 점을 국민이 직접 알아보고 홍보하는 국민참여형 SNS 기자단 홈스(Homes)를 운영한다.
2016년 3월 15일부터 활동하는 홈스 기자단 2기는 입주자를 모집하는 행복주택 23 곳(2016년)을 직접 방문하고 페이스북(www.facebook.com/happyhouse2u)과 블로그(blog.naver.com/happyhouse2u)등을 통해 직접 보고 느낀 정보를 전달할 계획이다.

분양권 취득권 양도세 정리

보유기간, 분양권+주택 합산 안돼요!

준공후 취득세는 실거래가 기준!!

분양권

분양권 보유자 부부

분양권은 아파트를 분양받아 입주할 수 있는 권리다. 주택을 취득할 수 있는 권리다. 분양권은 주택이 아니다. 따라서 분양권 전매로 분양권을 취득할 경우 취득세를 내지 않는다. 보유 주택 수에도 포함되지 않는다. 하지만 매도자가 프리미엄을 받고 전매할 경우(정확히는 양도차익이 발생할 경우) 분양권 보유 기간에 따라 양도세를 내야 한다.

분양권 양도세는 주택 등 부동산과 마찬가지로 보유 기간이 1년 미만이면 양도세율이 양도소득 과세표준(양도차익-양도소득 기본공제⟨1인당 연간 2백50만 원⟩)의 50%, 1년 이상~2년 미만이면 40%다. 2년 이상이면 양도세율이 과세표준(1천2백만 원 미만~1억5천만 원 초과)에 따라 5단계로 나눠 6~38% 차등 적용된다.

양도세는 잔금일 해당 월 말일로부터 2개월 내 주소지 관할 세무서에 예정신고 납부를 하면 된다. 주의할 점은 준공 후 주택으로 매도할 때 양도세 계산이다. 세법에서는 분양권 보유 기간과 주택 보유 기간을 합산하지 않는다. 예를 들어 분양권 상태로 2년간 보유하다 잔금을 치르고 준공 후 주택으로 1년을 보유하고 양도할 경우 보유 기간은 3년이 아닌 1년이라는 것이다. 따라서 양도세율이 40%다.

취득세는 앞에서 말했듯이 분양권은 없다. 다만 준공 후 주택이 되고 매도할 경우 취득세를 내야 한다.

2015년 11월부터 취득세는 분양가가 아닌 실거래가 기준으로 내야 한다. 즉 분양가+프리미엄이 과세 기준이 된다. 실거래가가 6억 원을 넘으면 9억 원까지는 농특세 교육세 포함 2.4%를 납부해야 한다. 6억 원 이하면 1.3%.

한편 행정자치부는 마이너스 프리미엄이 붙은 경우에도 실거래가로 부과하도록 지방세법 시행령 개정을 추진하고 있다.

법원 경매 입찰 자격, 매수신청인 자격은 어떻게 될까?

개인은 물론 법인도 입찰할 수 있다. 사단, 재단도 가능하다. 외국인도 가능하다. 집주인도 채무자가 아니라면 입찰에 참여할 수 있다. 즉 채무자와 경매당하는 부동산의 소유자가 다른 경우가 있다. 예를 들어 친구가 돈이 필요해 내 집을 담보로 돈을 빌려줬는데 갚지 않아 집이 경매당하는 경우다.

또 자식이 부모님 집을 담보로 돈을 빌렸는데 갚지 않아 경매로 나오는 경우, 남편이 사업에 실패해 아내 재산이 경매로 나오는 경우가 대표적이다.

그러면 경매 입찰에 참여할 수 없는 사람은 누구일까?

우선 돈을 빌리고 못 갚아 경매당하는 사람 즉 채무자는 입찰할 수 없다. 법원 집행관들도 입찰에 참여할 수 없다. 법원 직원과 해당 사건 판사도 입찰할 수 없다. 법원 경매 부동산을 감정한 감정평가사도 입찰할 수 없다.

또 민법상 행위능력이 없는 미성년자, 심신이 박약한 자(한정치산자), 재산 낭비로 본인 및 가족생활에 막대한 지장을 주는 자(금치산자)도 법정대리인을 통하지 않으면 입찰에 참여할 수 없다.

해당 물건을 낙찰받았으나 잔금을 납부하지 않은 사람도 다시 입찰할 수 없다. 법원에서 소란을 피워 경매를 지연시킨 사람도 매수신청을 할 수 없다.

입찰 대리인은 누구나 할 수가 있다. 단 돈을 받으면 안 된다. 돈을 받고 입찰하려면 법정 대리인 자격을 갖춰야 한다. 변호사, 법무사, 그리고 매수신청 대리인 교육을 받고 법원에 신고한 공인중개사뿐이다. 대리인은 같은 물건에 대해서는 중복해서 2인 이상 대리 입찰을 할 수 없다.

분양권을 살 때
소득증빙에 주의하세요

전매로 분양권을 살 때 매수자가 제출해야 할 서류 중에는 소득증빙자료가 있다. 중도금 대출승계를 위해 필요한 서류다. 2016년부터 주택담보대출 규제가 시행되면서 소득증빙서류가 깐깐해져 분양권 매수자는 각별히 주의해야 한다. 분양권 매수자는 중도금 대출승계를 위한 소득증빙자료를 은행에 제출해야 한다. 2015년까지는 소득이 없는 사람도 신용카드 연말정산 확인서 등으로 소득증빙을 하면 됐다. 하지만 2016년부터는 분양권 매수자가 소득 또는 자산을 입증할 수 있는 자료를 제출하지 못하면 대출승계가 되지 않는다.

소득증빙자료로는 직장인의 경우 근로소득원천징수영수증과 재직증명서, 사업자는 소득금액증명원(세무서 발급)과 사업자등록증이 인정된다. 또 통장잔액증명서, 재산세 납부증명원, 국민연금 납부확인서, 건강장기 요양보험료 납부확인서 중 하나를 골라서 소득 증빙을 할 수 있다.

분양권 매수자의 소득 기준은 아래 세 가지 중 최소한 하나를 충족해야 한다.

❶ 연 소득이 분양가의 10% 이상인 자
❷ 통장 잔액이 분양가의 10% 이상(해당 월 및 전월 잔액 기준)인 자
❸ 보유 부동산의 재산세 납부금액이 수도권 50만 원 이상(정부 고시금액 3억 원 이상), 지방 20만 원 이상(1억5천만 원 이상)인 경우

소득 기준에 미달될 경우 통장잔액 증명서로 차액을 대신할 수 있다. 부부 합산소득으로 소득 기준을 맞출 수 있다. 가족 공동명의로 매수할 경우 가족 소득을 합산할 수 있다. 단 증여할 경우에는 부부 합산소득만 가능하다.

최근 분양아파트에 대한 중도금 대출심사가 까다로워졌다. 기존 중도금 대출승계가 이뤄졌다고 해도 6회차 납부 중도금 일부가 대출되지 않아 현금으로 내야 하는 상황이 발생할 수도 있으니 주의해야 한다.

소득증빙자료는 중도금을 대출해준 은행마다 다를 수 있다. 따라서 분양권 계약 전에 분양사무실이나 은행에 확인하는 게 좋다. 명의변경 이후 매수자가 납부해야 할 나머지 중도금 대출과 잔금대출에 대해서도 미리 확인하는 게 좋다. 소득이 없는 분양권 매수자의 경우 계약 시 특약사항에 "대출승계가 되지 않을 경우 분양권 계약은 무효로 한다"를 명기하는 게 좋다.

양도세를 비과세, 2년 보유의 모든 것!

40대 매도자

매매

낙찰

상속

재건축

위자료

증여

Finish 양도세 비과세

1가구 1주택자가 주택을 팔 때 양도소득세를 납부하지 않으려면 2년 이상 보유해야 한다. 이때 '2년 이상 보유'의 의미를 정확히 알아야 양도세 비과세 혜택을 받을 수 있다. 상속, 증여, 위자료, 재건축 등 각종 사례에 따라 2년 보유 기간의 '의미'는 다르다.

일반적인 경우

주택 보유 기간은 통상 취득일부터 양도일까지 기간으로 계산한다. 취득일이나 양도일은 대금을 청산한 날(잔금 납부일)로 보는 것이 원칙이다.

다만 대금청산 전에 소유권이전 등기를 먼저 했거나 대금을 청산한 날이 분명하지 않은 경우 등기접수일이 기준이 될 수 있다. 본등기 전에 가등기한 기간은 보유 기간에 포함되지 않는다.

동일세대원 간 소유권 변동이 있는 경우

세대 전체를 기준으로 2년 이상 보유 여부를 판정한다. 즉 이전에 주택을 소유한 세대원의 주택 취득일로부터 보유 기간을 계산한다.

배우자에게 증여받은 받은 경우

증여한 배우자의 보유 기간과 주택을 받은 배우자의 보유 기간을 합해서 계산한다.

재산분할청구권으로 주택을 취득한 경우

배우자와 이혼하면서 재산분할청구권으로 취득한 주택 역시 소유권을 이전해준 배우자가 보유한 기간까지 합해서 계산한다.

이혼위자료로 주택을 받은 경우

위자료로 받은 배우자의 보유 기간만 계산한다.

증여받은 주택을 이혼 후 양도하는 경우

더 이상 동일세대원이 아니므로 증여받은 날(증여등기 접수일)부터 보유 기간을 계산해야 한다.

주택을 상속받은 경우

상속받은 주택은 피상속인(아버지 등) 사망일부터 보유 기간을 계산한다. 다만 같이 살던(동일세대원) 피상속인으로부터 상속받았다면 피상속인의 취득일부터 계산한다.

동일세대원이 경매를 통해 취득한 경우

보유 기간은 경락대금을 완납한 날부터 양도일까지다.

거주 또는 보유 중 소실, 도괴, 노후 등으로 멸실돼 재건축하는 경우

멸실된 주택과 재건축한 주택의 보유 기간을 합산한다. 단 20가구 미만의 임의 재건축 공사 기간은 포함하지 않는다. 주택면적이 증가한 경우 보유 기간 계산과는 무관하다. 하지만 부수 토지 면적이 증가한 경우 종전 주택의 부수 토지 면적을 초과하는 부분은 사용승인서 교부일 또는 실제 사용일이나 임시 사용승인일부터 2년이 경과해야 비과세 혜택을 받을 수 있다.

보유하던 주택이 도시 및 주거환경 정비법에 의한 재개발 재건축으로 완공된 경우

종전 주택의 보유 기간, 공사 기간, 개발, 재건축 후 보유 기간을 합산한다. 재건축 재개발 공사 기간을 포함한다.

재건축 재개발 조합원이 사업 기간 중 다른 주택(대체주택)을 취득해 거주하다가 재건축된 주택으로 이사하게 돼 대체주택을 양도하는 경우 2년 보유 기간 제한을 받지 않는다.

다만

- 사업시행인가일 이후 대체주택을 취득하고 1년 이상 거주하고
- 재개발 재건축 주택 완공 전 또는 완공 후 2년 이내에 대체주택을 양도해야 하며
- 완공 후 2년 이내에 재개발 재건축 주택으로 세대 전원이 이사하고 1년 이상 계속하여 거주(취학, 근무상 형편, 질병 요양 등 경우는 세대원 일부가 이사하지 않더라도 가능)해야 양도세를 비과세 받을 수 있다.

입주자 사전점검에 필요한 준비물

새 아파트에 입주하기 1~2개월 전 입주자 사전점검을 한다.

주택공급에 관한 규칙 제8조 및 주택법 제24조에 따라

감리대상에서 제외되는 도배, 도장, 가구, 타일, 주방, 위생기구 등

경미한 공사에 대해 입주자 사전점검을 실시하도록 돼 있다.

사전점검일에 필요한 준비물은 무엇이 있을까?

간편한 복장	입주 전이라 청소 및 정리정돈이 제대로 돼 있지 않을 수 있다. 집안 곳곳을 둘러보고 점검하기에는 간편한 복장이 좋다.	마스크와 장갑	먼지로 인해 공기가 안 좋으니 마스크와 장갑을 착용하는 것이 좋다.
분양 카탈로그	카탈로그에 나온 분양정보와 평면도를 꼼꼼히 확인해 실제 자재들과 옵션사항, 내부설계 등이 일치하는지를 확인한다.	카메라	하자 부위를 찍어두면 나중에 제대로 보수됐는지 확인하기 좋다. 또 입주 후 하자보수를 요구할 때 증빙자료로 쓰일 수 있다.
포스트잇	사전점검 현장에서 포스트잇에 하자 내용을 써 하자 부분에 붙여놓고 카메라로 찍는다. 또 하자 내용을 점검표에 꼼꼼히 기록해 제출하기 전 카메라로 찍어 놓는다.	줄자 및 돋보기	줄자로 상세한 치수를 재어두면 거실과 방에 맞는 가구나 가전제품을 들여놓을 때 유용하다. 스마트 어플을 사용할 수도 있다. 눈이 어두운 분들은 물론 크랙이 의심되는 부분을 볼 때 돋보기가 유용하다.
필기도구	잘 지워지지 않는 네임펜이나 유성매직을 준비해서 체크리스트나 하자 부분을 체크하는 것이 좋다.	핸드폰 충전기 또는 전원코드	콘센트마다 전기가 이상이 없이 들어오는지 체크할 때 사용한다.
바가지	욕실과 발코니 같이 배수시설이 설치돼 있는 곳에 물이 잘 빠지는지 확인하기 위해 필요하다.	의자 또는 사다리	부엌가구 또는 천장같이 높아서 잘 보이지 않는 곳까지 잘 점검해보기 위해 챙겨 가면 좋다.

이 밖에 싱크대 밑이나 욕실 천장 등 어두운 부분을 체크할 때 손전등(스마트폰 플래쉬)이 있으면 좋다. 꼼꼼히 체크하려면 생각보다 시간이 많이 걸리니 간단한 음료를 준비하는 게 좋다.

富동산

투자 생활백서

2016년 개통예정 전철망

2016년에는 전국에서 적지 않은 전철망이 개통예정이다. 중요도 순으로 올해 개통예정인 전철망을 소개한다.

신분당선 연장선(정자~광교): 2016년 1월 30일 개통

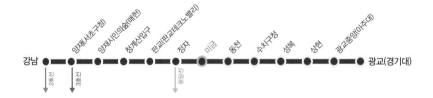

강남에서 용인 수지(동천-수지구청-성복-상현)를 지나 수원 광교신도시(광교중앙-광교)까지 직통으로 연결되는 노선이다. 용인, 광교에서 강남 접근성이 크게 좋아진다.

성남여주선(판교~여주): 2016년 하반기 개통예정

판교에서 분당을 지나 광주 이천 여주까지 직선으로 연결되는 노선이다. 신설 역
세권이라 아파트와 땅값이 10년 전부터 요동치던 곳이다. 판교역은 신분당선과
이매역은 분당선과 환승 된다.

수서발 KTX: 2016년 하반기 개통예정

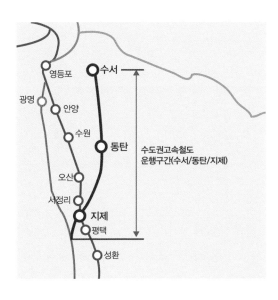

강남권인 수서역에서도
KTX를 타고 부산, 목포 등
을 갈 수 있게 된다. 또 동탄
역과 지제역도 신설된다. 개
통되면 평택에서 강남권까
지 통근이 가능할 전망이다.
기존 강남권은 물론 위례신
도시, 세곡지구, 문정지구
등이 수혜지다.

우이신설 경전철(삼각산~신설동): 2016년 11월 개통예정

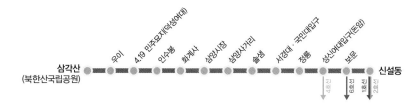

서울시 최초 경전철인 우이신설선이 개통된다. 삼각산역(가칭)에서 시작해 우이
역을 지나 4호선 성신여대입구역과 6호선 보문역에서 환승하고 1, 2호선 환승역
인 신설동역이 종착역이다.

인천 지하철 2호선: 2016년 7월 개통예정

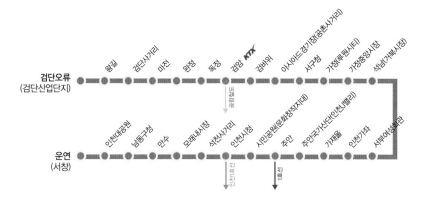

검단오류(검단산업단지)에서 운연(서창)까지 운행된다. 인천 서구와 주안, 인천대
공원이 주요 경유지다. 검암역에서 공항철도로 갈아탈 수 있다. 주안역과 인천
시청역에서 1호선과 환승 된다.

수인선 연장(송도~인천): 2016년 2월 27일 개통

지난 2012년 개통한 송도역~오이도 구간과 연결되는 오이도~인천 구간이 2월 개통된다. 인하대와 인천항 국제여객터미널(신포역)을 지난다. 이에 따라 경기 서남부 접근성이 좋아진다.

이 밖에 인천공항 자기부상철도(인천국제공항~용유)가 하반기에 개통될 예정이다. 대구 지하철 2호선이 기존 대곡역에서 화원역, 명곡역(설화역)까지 하반기 연장될 예정이다. 부산 동해남부선(부전~일광)도 하반기 개통예정이다. 노선 복선화 및 직선화 공사를 한 경전선 구간(진주~광양)도 하반기에 개통할 예정이다.

또 경의중앙선 공덕역과 용산역 사이에 효창공원역이 4월경 신설되고 종점도 하반기에 용문역에서 지평역까지 연장될 예정이다. 공항철도 청라국제도시와 운서역 사이에 영종역이 3월 26일 생긴다. 경춘선 복선전철이 7월부터 상봉역에서 청량리역까지 부분 연장 운행될 예정이다.

강남5구를 아시나요?

수도권에서 강남권이라고 할 때 강남3구라고 하면 강남구, 서초구, 송파구를 말한다. 강남4구라고 하면 강동구가 포함된다.

우선 강동구는 명실상부한 강남권, '강남4구'로 거듭나고 있다. 삼성엔지니어링 등이 입주한 강동 첨단업무단지는 '강동권의 테헤란로'가 될 것이다. 이웃한 하남엔 연면적이 44만㎡에 이르는 국내 최대 복합쇼핑몰, 유니온스퀘어가 2016년 하반기에 오픈한다.

서울지하철 9호선 4단계 연장선(보훈병원~고덕강일지구)이 2018년 착공될 예정이다. 강남과 직접 연결되는 황금노선이다. 둔촌주공, 고덕주공이 대표적인 수혜단지다.

그럼 강남5구에는 어디가 추가될까? 바로 판교다. 정확히는 동판교라고 할 수 있다. 판교신도시는 대표적인 자족도시 성공사례다. 교통, 기업, 학군, 편의시설 등 인프라가 완벽하다. 판교신도시 아파트값은 3.3㎡당 평균 2천3백만 원대다. '강남 넘버 3'인 송파구(2천2백만 원대)를 뛰어넘었다.

판교는 교통혁명이 일어나고 있다. 2016년 1월 30일 판교역과 연결되는 신분당선 연장선(정자~광교)이 개통된다. 또 2016년 6월에 성남~여주선 복선전철이 개통되면 판교역은 환승역이 된다. 판교는 광주, 이천, 여주와 서울 강남을 잇는 길목이 된다. 판교역을 수도권 동서남북 도시를 모두 1시간 이내 갈 수 있다.

수도권 광역급행철도(GTX) 삼성~동탄 노선의 성남역(판교역에서 400m 떨어져 있음)이 2021년 개통될 예정이다. 시흥 월곶에서 광명, 의왕·과천을 거쳐 판교까지 동서로 연결하는 월곶~판교 복선전철도 이르면 2024년 완공될 예정이다.

삼성물산이 입주하는 동판교 알파돔시티가 2018년까지 들어선다. 국내 최대 현대백화점은 2015년 8월 오픈했다. '한국의 실리콘밸리'로 불리는 판교 창조경제밸리에는 2017년부터 800여 개의 첨단기업 입주가 시작된다.

무엇보다 판교는 배후지가 두텁다. 분당, 성남, 과천, 의왕, 용인(수지, 죽전 등), 위례, 광교, 수원, 동탄1, 2 신도시를 거느리고 있다.

내 집 마련을 앞당기는 노하우

내 집 마련을 하는데 걸리는 기간은 사람마다 소득마다 천차만별이다. 최근 현대경제연구원에서 실시한 설문조사에 따르면 국민이 생각하는 내 집 마련 소요기간은 12.8년으로 나타났다. 내 집 마련을 앞당기는 노하우는 있을까? 없을까? 물론 있다. 실행이 관건이다. 특별하지 않지만 내 집 마련에 도전하는 사람은 반드시 실행해야 할 것이다.

노하우 1 종잣돈을 모아라

내 집 마련의 시작은 저축으로 종잣돈을 모으는 것이다. 우선 5개년 계획을 세워라. 그리고 종잣돈은 최소 1천만 원 단위로 시작하라. 외식비, 커피값, 택시비 등과 같은 불요불급(不要不急)한 생활비를 하루빨리 줄여라. 충동구매 비용은 말할 것도 없다. 신용카드는 꼭 필요할 때만 써라.

노하우 2 싸게 사라

우선 작은 것이 아름답다. 소형 아파트를 사라. 3인 이하라면 20평대는 물론 10평형대를 사도 좋다는 발상의 전환이 필요하다. 침체기에 급매물을 싸게 산다. 법원 경매로 싸게 사는 것도 추천한다.

또 입주물량이 일시적으로 늘어나는 대규모 택지 입주아파트를 노리는 것도 좋다. 위례, 동탄2신도시, 세종시처럼 말이다. 수도권 거주자라면 서울만 고집하지 말고 지하철로 도심 및 강남 접근성이 좋은 인천 경기 역세권 새 아파트(입주 5년 미만)를 사라.

노하우 3 지렛대를 이용하라

주택담보대출을 지렛대 삼아라. 아파트값은 앞으로도 계속 오른다. 은행 이자 이상으로 오른다. 원리금을 한꺼번에 내는 비거치식 분할상환을 겁먹을 필요가 없다. 상환능력만 된다면 대출규제가 있을 때 적극적으로 대출받아라. 대출받은 사람이 줄어드니 오히려 대우(혜택)를 받으며 대출받을 수 있다.

재고아파트에 대한 대출이 부담스럽다면 청약통장으로 분양아파트를 당첨 받아라. 계약금만 있으면 중도금 및 잔금은 집단대출로 건설사에서 알아서 대출해준다. 다만 잔금 납부 시점까지 자기자본을 분양가의 60% 수준까지 확보하는 게 좋다.

투자백서 4

우량 역세권 아파트 찾는 법

역세권이라고 하면 지하철역 또는 전철역이 거리상 가까운 지역을 말한다. 걸어서 10분 이내를 말한다. 과거 서울연구원은 "지하철역에서 반경 540m까지만 아파트값에 영향을 미친다"는 보고서를 발표하기도 했다.

하지만 물리적 거리에 따른 접근성만 보는 역세권 정의는 올바른 게 아니다. 진정한 의미의 역세권이란 접근성과 함께 역세권 상권의 영향력을 함께 살펴봐야 한다.

접근성이 좋고 상권 영향력이 큰 역세권이 우량 역세권이다. 판교역 역세권 아파트가 비싼 것은 판교역이 가깝기 때문만은 아니다. 신분당선 판교역 상권(알파돔 시티 및 현대백화점, 판교 아브뉴프랑 등)의 영향력이 갈수록 커지고 있기 때문이다. 광교, 수지, 분당까지 영향력을 발휘하고 있기 때문이다.

우량 역세권 아파트는 걸어서 5분 이내로 접근성이 좋고 판교역처럼 역세권 상권 영향력도 좋은 곳에 위치한다. 상권 영향력이 크려면 아무래도 지역 중산층 이상이 많이 거주하는 지역이다. 전철망은 강남 및 도심 접근성이 좋은 노선이 대부분이다. 신분당선 광교중앙역, 서울지하철 3호선 삼송역 등이 대표적인 우량 역세권이다.

우량 역세권은 자족시설, 기반시설이 풍부하다. 쉽게 말해 대기업, 벤처기업 사옥이 몰려있다. 기업 직원들이 인근에 아파트를 마련하면서 상주인구가 늘어난다. 또 상주인구 층이 다양하다. 유동인구도 다양하고 갈수록 늘어난다. 그리고 안정적이다.

핵심 소비층인 30~40대 젊은층의 외부 유입이 크게 늘어나는 것도 우량 역세권 특징 중 하나다. 역세권 상권이 확장될수록, 상권이 성숙할수록 유동인구 수가 상주인구 수를 크게 웃도는 경우가 많다. 판교역처럼 말이다. 이처럼 우량 역세권 아파트값은 불량 역세권(유동인구의 변동이 심하고 상주인구가 적은 곳) 아파트에 비해 평균 10~20% 이상 비싸다.

한편 개통예정 역세권 아파트값은 통상 세 번 오른다. 노선 및 역위치 확정 시, 착공 시, 개통 직전에 오른다. 우량 역세권 아파트는 늦어도 개통 1년 전에 비수기나 침체기 때 매수하는 게 좋다.

공급이 아파트값을 결정한다

집값이 움직이기 위해선 여러 가지 변수가 존재한다. 그중 가장 핵심이 수급(需給) 즉 수요와 공급이다. 이 중에서 하나를 꼽자면 바로 공급이다. 지난 2013~2015년 대구 등 지방 아파트값이 폭등한 것도 바로 공급물량(입주물량)이 2~3년간 부족했기 때문이다.

2007년 글로벌 금융위기 이후 주택시장은 지방이 먼저 침체되고 수도권이 뒤를 이었다. 반면 상승세는 지방이 먼저 시작됐고 수도권이 뒤를 이었다. 과거와 다른 패턴이다. 왜 그럴까? 바로 공급물량 때문이었다. 대구의 경우 2008년에 미분양 물량이 2만 가구가 넘을 정도로 공급과잉이었다. 때문에 2008~2013년 신규 분양 물량이 평균을 크게 밑돌았다. 그리고 3년 뒤인 2011년부터 상승세가 시작됐다.

하지만 대구 아파트 입주물량은 2012년 4천여 가구에서 2016년 2만8천여 가구에 달하면서 대구 집값은 2016년 들어 약세장으로 돌아섰다. 공급과잉 후유증이 시작된 것이다. 이처럼 최근 주택시장은 공급이 아파트값을 결정한다. 작년부터 논란이 된 공급과잉 여부는 전국이 아닌 지역별 권역별로 나눠 공급물량을 따져봐야 한다. 수요 대비 공급이 얼마나 많은가를 분석해봐야 한다.

간단한 계산법으로는 지역별 연평균 입주물량을 가구수(주민등록 세대수)로 나누는 것이다. 수도권 또는 전국 평균 수치에 비해 지나치게 높다면 공급과잉으로 볼 수 있다. 좀 더 정확성을 기한다면 입주물량에서 멸실주택(재개발 재건축 등)을 빼는 것이다. 그리고 미분양 물량을 더해 계산하는 것이다. 그러면 어느 정도 공급과잉의 흐름을 유추할 수 있다.

시군별보다 생활권별(대체수요지 포함)로 공급물량을 따져보는 게 정확할 것이다. 용인이라면 수원, 성남, 광주, 화성까지 같은 생활권으로 묶어서 공급과잉 여부를 판단하는 것이다. 저성장으로 인해 주택시장에서 수요가 크게 늘어나기는 힘들다. 따라서 공급이 늘면 가격이 내린다. 또 공급이 줄면 가격은 오른다. 대구처럼 말이다.

자족도시 집값이 상종가 친다

자족도시를 넓게 보면 서울, 부산, 울산도 자족도시라고 할 수 있다. '투자백서'에서 자족도시는 계획도시인 신도시 중 자족시설을 충분히 갖춘 도시라는 좁은 의미로 정의한다. 자족도시는 자족시설을 갖춘 도시다. 자족시설이란 직주근접의 기업 유치를 통한 일자리 창출 등으로 도시경제를 활성화시킬 수 있는 시설이다. 기업 및 공공기관이 대표적이다. 구체적으론 도시형 공장, 벤처기업집적시설, 소프트웨어진흥시설, 호텔, 대학, 연수원 및 연구소, 컨벤션센터, 병원, 문화복지시설, 일반업무시설(오피스텔 제외) 등을 말한다.

자족도시로 성공한 대표적인 도시는 바로 판교신도시다. 자족도시로 성공하려면 자족시설부지도 많이 확보돼야 하지만 확보된 부지에 계획대로 자족시설이 얼마나 들어서느냐가 관건이다. 또 학군 교통 편의시설 등 기반시설(인프라)이 경쟁력을 갖춰야 한다. 강남 등 인근 대도시 접근성도 중요하다. 1기 신도시에서 분당 일산 등을 베드타운이라고 한다. 신도시에 주거 기능이 가장 중요하지만, 주거시설에 비해 자족시설이 태부족하기 때문에 그렇게 부른다.

판교에 이어 자족도시로 성공할 가능성이 높은 곳은 광교신도시와 마곡지구다.
각각 경기도청 신청사와 삼성전자 화성캠퍼스, LG사이언스파크(2017년부터 2020년
까지 LG 모든 계열사의 R&D연구소가 입주할 예정)가 있기 때문이다. 또 판교와 목동이라
는 든든한 배후 기반시설을 갖추고 있기 때문이다.

동탄2신도시는 배후에 삼성전자와 뛰어난 교통여건(KTX, GTX 등)을 갖추고 있지
만 자족도시 성공 여부는 동탄 테크노밸리 기업유치와 아파트 입주물량 소화에
달려있다. 반면 김포 한강신도시, 송도국제도시, 청라국제도시, 영종하늘도시는
자족시설 유치가 더디고 너무 많은 주택공급물량을 소화하는데 버거워 2016년
현재까지는 실패한 자족도시로 볼 수 있다.

판교 랜드마크단지 아파트값(동판교 봇들마을)은 이미 잠실 재고아파트값을 뛰어넘
었다. 경기권에서 가장 비싼 과천 래미안 에코팰리스를 추격하고 있다. 2017년 4
월 입주예정인 마곡지구 마곡 13단지 힐스테이트 마스터 전용면적 84㎡의 경우
분양권 프리미엄이 2억5천만 원 이상 붙어 시세가 8억 원에 육박하고 있다.

위례 투자의 기준은 휴먼링이다

위례신도시는 서울 송파구와 성남. 하남에 걸쳐있다. 총면적이 6.8㎢(224만 평)에 달한다. 아파트 등 주택이 4만3천 가구가 들어선다.

신도시 아파트는 통상 입주(시범단지 등 최초 입주단지 기준)가 시작되고 5년이 지나면서 시세가 가파르게 오른다. 가치가 가격으로 본격적으로 바뀌는 순간이다. 그리고 입주 10년 시점에 가격은 정점에 달한다. 2015년부터 입주가 본격적으로 시작된 위례신도시는 2016년이 투자 타이밍을 잡기 좋은 시점이다. 그럼 위례 아파트 투자의 '기준'은 무엇일까?

바로 휴먼링(Human Ring)이다. 휴먼링은 위례 중심부를 수원의 화성처럼 도로를 따라 돌로 성곽을 쌓는 것이다. 높이 1.5~6m에 총 길이가 4.4km다. 휴먼링은 녹지, 보행로, 자전거도로, 포켓 공원으로 구성된다. 휴먼링 안 모든 단지와 연결된다. 조경수로 은행나무, 벚나무, 소나무, 단풍나무, 느릅나무 등으로 꾸며질 예정이다. 휴먼링 위아래에는 생태 수변공원이 들어선다. 위쪽에는 1만5천 평의 장지천이, 아래에는 1만 평의 창곡천이 위치한다.

휴먼링 가치는 바로 뛰어난 입지에 있다. 휴먼링 안에는 공원, 영화관, 대형 쇼핑몰이 들어선다. 또 우체국, 주민센터, 학교, 학원 등 공공기관이나 교육기관이 밀집해 있다. 또 트램(노면전차)과 트랜짓몰(스트리트몰), 강남과 연결되는 위례신사선(경전철)의 출발역인 위례중앙역이 위치한다. 이처럼 휴먼링은 위례의 중심이며 '심장' 이다. 신도시의 신도시다. 한마디로 코어(core)다.

위례신도시의 '황제주' '대장주' 라고 하는 위례자이를 보면 휴먼링 안 아파트의 투자가치를 쉽게 알 수 있을 것이다.

❶ 휴먼링 안에 위치한 메이저 브랜드파워 아파트
❷ 6층 이상이면 가능한 창곡천 수변공원 조망
❸ 단지와 이웃한 초중고 학군
❹ 위례중앙역(2025년 예정), 8호선 복정역 및 우남역(2018년 예정)을 걸어서 이용할 수 있는 트리플 역세권

2016년에 휴먼링 안 아파트와 밖 아파트 간의 프리미엄 차이가 1억 원이 난다면 2020년엔 2억 원 이상 차이 날 것이다. 그리고 2025년엔 최소한 3억 원 이상으로 벌어질 것이다.

갈매지구보다 다산신도시가 뜬 이유

서울외곽순환도로를 사이에 두고 남양주 다산신도시와 구리 갈매지구가 있다. 하지만 청약성적은 크게 달랐다. 지리적으로 서울에서 가까운 갈매지구보다 오히려 서울에서 먼 다산신도시가 청약경쟁률도 높고 대부분 완판됐다. 프리미엄도 붙고 말이다. 반면 갈매지구는 미분양이 발생했다.

왜 이처럼 희비가 엇갈렸을까? 그것은 바로 8호선 연장선(별내선) 때문이다. 다산에는 다산역(가칭)이 들어설 예정이다. 별내선은 암사역에서 중앙선 구리역과 농수산물도매시장, 다산신도시를 경유해 별내역(경춘선)까지 12.9km 구간이다. 2015년 12월 착공, 2022년 개통할 예정이다. 다산신도시 진건지구에 들어서는 다산역부터 암사역까지 15분 정도 걸릴 것으로 보인다. 암사역에서 2호선으로 환승할 있는 잠실역까지는 8분 정도 걸려 환승 시간을 포함하면 다산역에서 잠실역까지 30분 이내에 도착할 수 있다. 잠실역에서 다시 2호선으로 환승하면 여섯 정거장만 지나면 강남역이다. 삼성, 선릉, 역삼 등 테헤란로 중심부를 쉽게 접근할 수 있는 것이다.

이처럼 별내선이 개통하면 다산신도시에서 강남까지는 40분 안팎 걸려 강남 접근성이 크게 좋아진다. 신분당선에 버금가게 말이다. 결국, 별내선의 강남 접근성으로 좋아 다산신도시의 청약결과가 좋았던 것이다. 반면 갈매지구는 전철이 들어서 않아 그렇지 못했던 것이다.

다산신도시는 구리~도농~호평으로 잇는 수도권 동북부의 '블루칩' 주거지가 되고 있다. 그럼 다산신도시내 진건지구와 지금지구 중 어느 곳이 미래가치가 높을까? 강남, 잠실까지 승용차 접근성과 한강뷰, 대형 상권에서 우위에 있는 지금지구일까? 아니면 분양가와 다산역 역세권이라는 장점을 갖춘 진건지구일까?

다산신도시가 하남 미사강변도시처럼 수도권 외곽에 위치한 데다 서민용 아파트단지라는 점을 감안할 때 역세권 아파트에 대한 수요층이 두텁다. 따라서 미래가치는 진건지구가 더 높을 것으로 본다. 환금성도 물론이다.

2018년, 부동산 10년 주기설 올까?

집값이 10년마다 주기적으로 상승과 하락을 반복한다는 부동산 10년 주기설은 아직도 유효할까?

지난 1980년대 국내 집값은 1988년 절정에 달했다. 압구정동 현대아파트가 사상 처음으로 평당 1천만 원을 돌파했다. 연간 30만 가구에 달하던 주택공급이 1980년에 경제위기로 15만 가구로 줄어들고 그 이후 87년까지 25만 가구 안팎에 그쳤다. 여기에 1986~88년까지 3저 호황(저달러, 저금리, 저유가)으로 밀려든 달러가 시중에 풀리면서 과잉유동성으로 집값은 폭등했다. 급기야 노태우 정부는 1989년 4월 '주택 200만 호 건설계획'을 발표했으며 입주 시점인 1993년에야 집값이 안정됐다.

두 번째 집값 상승 하락은 10년만인 1998년에 찾아왔다. 97년 IMF 사태 직후 집권한 김대중 국민의 정부는 1998년 집값이 폭락하자 경기 부양책으로 부동산 규제를 대폭 완화했다. 99년부터 본격적으로 집값이 상승하기 시작해 두 자릿수 상승세를 기록했다. 2002년에는 서울 아파트값이 30%나 폭등했다. 상승세는 낙폭이 있었지만 서브프라임 사태로 비롯된 글로벌 금융위기를 맞은 2008년 이후 하락세로 돌아섰다.

그리고 다시 2018년을 앞두고 부동산 10년 주기설이 회자되고 있다. 2013년 상반기 바닥을 친 아파트값은 그해 하반기부터 회복세로 돌아섰다. 2015년부터 상승기에 진입했다. 2008년 글로벌 금융위기 이후 주택공급이 급감해 수요에 비해 공급이 부족한 것이 상승요인이었다. 또 초저금리에 전세난이 겹치면서 전세입자의 매매수요를 자극했다. 이 때문에 2015년까지는 과거와 달리 투기수요가 아닌 실수요가 지난 주택시장을 주도했다.

집값 회복에는 2013년 집권한 박근혜 정부의 규제완화책도 한몫했다. 그러나 빚내서 집 사라고 했던 정부는 2015년 11월 가계부채 대책을 발표하면서 대출규제를 시작했다. 그러다 4월 총선을 앞두고 한국판 양적 완화를 발표하는 등 오락가락하고 있다.

1988년, 1998년, 2008년에 이어 2018년에 공급과잉 등으로 5년 하락하고 2023년부터 5년간 상승할까? 경기 사이클처럼 부동산시장도 사이클은 존재한다. 하락기, 회복기, 상승기, 조정기를 통상 10~20년 주기로 반복하는 것이다. 다만 수급, 정책, 경기 등 주택시장 내외 변수에 따라 사이클은 길어질 수도, 짧아질 수도 있다. 상승기는 물론 지난 2008년 이후 하락기처럼 그 기간이 얼마나 지속될지는 아무도 알 수 없다.

동탄2신도시 랜드마크 두 가지

동탄2신도시의 랜드마크는 두 가지로 요약될 수 있다. 바로 동탄역과 동탄호수공원(Dongtan Lake Park)이다. 쉽게 말해 동탄역=판교역, 동탄호수공원=광교호수공원으로 보면 된다. 동탄2신도시는 중앙에 위치한 리베라 컨트리클럽을 기준으로 위쪽은 '북동탄', 아래는 '남동탄'으로 불린다.

2016년 8월 KTX 동탄역이 개통되면 서울까지는 10분대에 도착할 수 있다. 2021년 GTX가 개통되면 강남까지 20분 만에 이동할 수 있다. 동탄역 역세권 단지의 선호도가 높을 수밖에 없다. 동탄역을 지나가는 인덕원선(인덕원~수원 복선전철)이 이르면 2022년 개통될 예정이다.

또 동탄역 역세권 단지의 가치는 광역비즈니스 콤플렉스(광비콤. 149만6,000여㎡) 존재에 있다. 계획대로 기반시설이 들어서냐가 관건이지만 말이다. 광비콤은 KTX 동탄역 역세권을 중심으로 호텔 백화점 등이 들어서는 동탄2신도시의 중심 상업 업무 지역이다. 이 가운데 롯데컨소시엄은 중심상업지역(C11블록) 5만4,000여㎡에 롯데백화점과 롯데몰, 롯데시네마, 주상복합 아파트를 지을 계획이다. 이르면 2016년 12월 착공, 2020년 완공 예정이다.

판교역 중심상업지역(알파돔시티) 개발속도를 보면 광비콤내 기반시설 입점은 2022년 이후에나 마무리될 것이다. 남동탄은 동탄호수공원 조망과 접근성에 따라 아파트값 차이가 날 것이다. 동탄호수공원(164만㎡)은 전체면적이 광교호수공원(205만㎡)보다 작고 일산호수공원(103만㎡)보다는 크다. 동탄 산척호수(18만4,000㎡)는 광교의 원천호수와 신대천호수에 비해 각각 50%, 71% 수준이다.

그럼에도 동탄호수공원의 가치는 변함이 없다. 특히 광교호수공원을 조성한 경기도시공사가 책임진다. 동탄호수공원은 공원, 녹지면적 56만㎡에 산척호수와 송방천을 중심으로 문화, 쇼핑, 휴양 시설이 들어선다. 이르면 2017년 상반기에 완공될 예정이다.

동탄호수공원의 조성 콘셉트는 청림정현(淸林靜賢)이다. 청림청현은 맑은 물과 수려한 지형 지세를 가진 정온한 곳에서 현자가 태어난다는 의미다. 운답원, 창포원, 현자의 정원, 수변 카페, 음악 분수 등이 설치된다.

우상향(右上向) 하는 신도시 아파트 특징

수도권 1, 2기 신도시처럼 대규모로 개발하는 택지의 경우 신도시로서 윤곽이 잡히는 데는 최소한 5년이 걸린다. 그리고 안정화되는 데는 최소한 10년이, 신도시가 완성되는 데는 20년이 걸린다.

그럼 분양 이후 신도시가 완성되는 20년간 분양가 대비 가장 많은 입주 프리미엄이 붙은 아파트는 어떤 입지적 특징이 있을까?

입주 프리미엄은 아파트 자체 내부적 요인과 입지라는 외부적 요인에 따라 다르게 붙는다. 내부적 요인으로는 분양가 및 로열 동호수가 대표적이다. 이어 평형 및 평면(구조), 브랜드파워, 조망권, 단지조경 등이 있다. 외부적 요인인 입지(立地)란 인간이 살아가며 활동하는 일정한 장소나 환경을 말한다. 살기 좋은 환경을 갖추는 데는 위치, 관공서 기업 등 기반시설, 생활인프라, 녹지 등이 뛰어나야 한다.

프리미엄이 많이 붙은 신도시 아파트의 가장 큰 특징은 중심상권과 가깝다는 것이다. 그리고 중심상권은 여지없이 역에 들어서 주변 지역으로 이동이 쉽다. 판교신도시의 동판교(판교역), 위례신도시의 휴먼링(위례중앙역), 동탄2신도시의 북동탄(동탄역), 광교신도시의 북광교(광교중앙역), 삼송지구의 남삼송(삼송역)처럼 말이다. 교통, 쇼핑, 학교 등 생활인프라가 완벽하다.

두 번째 특징으로는 호수공원 등 공원이 조망된다는 것이다. 광교의 광교호수공원이 대표적이다. 또 위례신도시의 창곡천수변공원, 다산신도시의 왕숙천수변공원, 동탄2의 동탄호수공원, 세종시의 세종호수공원이 있다. 위례자이와 위례래미안의 경우 창곡천 조망 물건은 프리미엄이 2억 원 안팎 붙어있다.

이런 입지를 갖춘 신도시 아파트에는 지역별 고소득 유효수요층이 몰려든다. 판교, 광교, 위례가 대표적이다. 직주근접에다 쾌적한 녹지환경과 편리한 생활인프라를 갖춘 단지를 선호하기 때문이다. 특히 백화점 등 쇼핑몰 접근성은 고소득층 주부가 가장 선호하는 요건이다.

따라서 지역별 고소득층이 선호하는 입지를 갖춘 신도시 아파트값은 분양 이후, 입주 이후, 그리고 신도시 기반시설이 완비되는 20년까지 지속적으로 우상향할 것이다.

가성비 좋은 아파트란?

최근 경기가 좋지 않으면서 가성비 좋은 식당이 인기다. 가격에 비해 맛이 좋은 식당이다. 가성비(cost-effectiveness)란 가격 대비 성능(효율성)이 좋은 것을 말한다.

가성비 좋은 아파트는 주식으로 치면 저평가 우량주라고 볼 수 있다. 옐로칩 단지라고 할 수 있다. 가성비 좋은, 옐로칩 아파트는 상승세를 타면 예상외의 높은 수익률을 기록하는 경우가 종종 있다. 실 투자비가 블루칩 단지보다 적어 수익률이 더 높을 수 있다.

특히 옐로칩 분양권은 분양 초기(분양권시장 초기)에 관심을 끌지 못하다 입주 1년 안팎을 남겨두고 투자가치를 인정받아 투자자와 실수요자가 가세하면 급반등하는 경우가 적지 않다. 옐로칩 아파트는 가치를 인정받기까지 시간이 필요하다. 최소한 2년 이상을 내다보고 투자해야 한다.

옐로칩 아파트는 다음과 같은 조건을 갖춰야 할 것이다.

우선 지역 대표 아파트인 블루칩 단지와 전철망 등으로 지역적으로 가까워지는 곳이어야 한다. 지금 당장은 아니더라도 3~5년 뒤 직주근접 생활권이 되는 곳이면 더욱 좋다.

이제 강남권 생활권은 판교 위례로 연장될 것이다. 이어 광교 동탄2신도시까지 확장될 것이다. 따라서 광교나 동탄2신도시 옐로칩 아파트(분양권)를 공략할 필요가 있다. 광교로 치면 중심상권과 떨어져 있는 웰빙타운이나 캠퍼스타운이 아닐까?

또 남양주 다산신도시에서 다산역을 걸어서 이용할 수 있는 단지를 꼽을 수 있다. 다산역 역세권 분양권은 다산 내에선 블루칩이지만 수도권으로 보면 옐로칩으로 볼 수 있다. 옐로칩 단지로는 걸어서 초중학교를 이용할 수 있는 교육환경을 갖춘 아파트를 꼽을 수 있다. 30~40대 실수요자에게 가장 중요한 건 자녀가 안전하게 통학할 수 있는 학교가 있느냐다.

또 메이저 브랜드는 아니지만 주부들이 선호하는, 평면구성이나 마감재가 뛰어난 아파트가 옐로칩 단지가 될 수 있다. 수납성이 뛰어나고 통풍 환기가 잘돼야 함은 물론이다. 전용면적 대비 실사용 공간이 넓어야 한다.

집값은 인구 감소와 상관없다

주택 수요, 집값 전망을 할 때 빠지지 않는 요인이 바로 인구수다. 인구수가 줄어들면 주택 수요가 줄어들어 집값이 떨어지는 게 주장이다. 과연 그럴까?

주택은 인구수만큼 필요한 게 아니다. 바로 가구수만큼 필요한 것이다. 1인 가구든, 2인 가구든 말이다. 인구가 줄더라도 가구수가 지속적으로 늘어나기 때문에 주택 수요는 크게 줄어들지 않을 것이다.

통계청에 따르면 가구수는 2035년까지 매년 약 19만6천 가구가 증가한다. 늘어나는 가구수는 대부분 1~2인 가구다. 1~2인 가구는 매년 27만4천 가구씩 늘어날 것으로 전망하고 있다. 2015년 말 현재 1인 가구는 506만1천 가구로 전체의 27.1%를 차지하고 있다.

1인 가구가 급증하는 이유는 노환으로 배우자가 사망하는 경우와 결혼을 하지 않고 독신자로 사는 사람이 늘어나기 때문이다. 2인 가구는 이혼이나 자식 결혼으로 분가하는 경우가 많기 때문이다. 반면 3인 이상 가구는 매년 7만8천 가구씩 줄어들 전망이다. 베이비붐 세대(1955~1963년생)의 은퇴로 주택 수요가 줄어들어 집값이 하락할 것이라는 주장도 많다.

과연 그럴까? 베이비붐 세대의 은퇴로 주택 수요는 줄어들지 않을 것이다. 1인 가구 등 가구수 증가와 베이비붐 세대와 베비이붐 세대 2세의 주택 수요가 이어지고 있기 때문이다. 베이비붐 세대가 은퇴했다고 집을 팔고 전세나 월세로 사는 사람은 거의 없다. 다만 큰 집을 팔고 작은 집을 사거나, 비싼 집을 팔고 덜 비싼 집으로 이사가는 경우는 있다. 베이비붐 세대의 2세인 에코 세대(1979~1997년생)는 현재 990만 명, 630만 가구로 전체 가구 중 36%를 차지한다.

에코 세대는 주택시장의 큰손이다. 이들은 주로 보증부 월세(42.5%)나 전세(31.0%)를 살고 있어 언제든지 매매수요로 전환될 가능성이 높다.

인구감소로 주택 수요가 감소하는 게 아니다. 인구감소 및 1인 가구수 증가로 주택 수요의 패러다임이 바뀌는 것이다. 주택 크기는 중대형에서 중소형으로, 선호하는 입지는 외곽에서 도심으로 주택 수요가 변하는 것이다.

다주택자, 최고의 양도세 절세 방법

다주택자에 대한 양도소득세 중과세는 폐지됐다. 하지만 여전히 양도세 부담이 크다. 다주택자가 양도세를 절세하는 방법으로는 주택임대사업자 등록과 배우자 증여가 대표적이다. 우선 다주택자는 양도세 절세 기본원칙을 명심해야 한다. ❶양도차익이 가장 많은 주택은 마지막에 판다. ❷양도차익은 합산 과세하므로 1년에 하나씩 판다.

주택임대사업자 등록을 통한 절세

주택임대사업자로 등록하고 임대주택과 거주주택 중에서 거주주택을 양도하는 경우 임대주택은 세법상 주택으로 보지 않아 1가구 1주택 비과세 혜택을 받을 수 있다. 하지만 임대주택은 세법에서 정하는 요건을 충족해야 한다.

먼저 임대주택법에 따라 시군구에 주택임대사업자 등록을 해야 한다. 또 세무서에 가서도 임대사업자 등록을 해야 한다. 임대주택은 최소한 5년 이상 임대해야 한다. 또 임대주택은 임대 시작일 현재 수도권 기준 6억 원(수도권 외 3억 원)이하여야 한다. 6억 원은 정부 공시가격(시세의 70% 수준) 기준이다.

2주택자가 한 채를 임대주택으로 등록하고 거주주택을 양도하는 경우 거주주택을 2년 이상 보유 및 거주한 경우 1세대 1주택 비과세 혜택을 받을 수 있다. 거주 기간은 임대사업자 등록 이전 기간도 포함된다. 거주주택을 양도한 후 1세대 1주택 상태에서 남은 임대주택 1채는 5년 이상 임대하고 2년 이상 보유해야 비과세 받을 수 있다. 다만 직전에 비과세 받은 거주주택 양도일 이후 발생한 양도차익에 대해서만 비과세 받을 수 있다.

2채 이상 임대주택을 보유한 임대사업자가 거주주택을 비과세 양도한 후 임대주택에 거주하면 해당 임대주택도 거주주택으로 1세대 1주택 비과세를 받을 수 있다. 다만 직전에 비과세 받은 거주주택 양도일 이후 발생한 양도차익만 비과세 받을 수 있다. 임대의무 기간이 끝나고 거주주택으로 전환한 경우 2년 이상 보유 및 거주 요건을 갖춰야 한다. 거주 기간은 임대사업자 등록일 이후 기간만 포함된다.

배우자 증여를 통한 절세

다주택자가 주택을 오래 보유해서 양도차익이 크다면 배우자에게 증여하고 5년 뒤 매도하는 게 좋다. 배우자 증여공제액은 6억 원이다. 6억 원을 초과하는 경우 6억 원 초과분만 증여세(10~50%)를 내면 된다. 증여세가 부담된다면 최대 6억 원어치 지분(%)만 증여하고 부부가 공동명의로 보유하면 된다. 다만 증여받고 5년이 지나서 매도해야 증여 효과, 즉 절세효과(증여가액이 취득가액이기 때문에)가 있다.

집값을 결정하는 내재가치란?

집값은 수요와 공급, 수급에 따라 수시로 변한다. 하지만 5년, 10년 중장기적으로 보면 집값은 결국 가치에 따라 결정된다. 가치와 가격은 정비례하기 때문이다.

여기서 가치란 내재가치를 말한다. **내재가치란 주택이 벌어들일 미래 소득을 현재 시점에서 평가한 금액을 말한다.** 예를 들어 3년 뒤 10억 원이 될 수 있는 아파트값이 현재 8억 원이라면 내재가치보다 시장가격(시세)이 낮은, 저평가된 단지다.

내재가치는 입지, 희소가치, 미래가치, 수익가치, 정책, 경기 등에 따라 결정된다. 주택의 내재가치는 입지가 70%를 차지한다. 지하철 등 대중교통망, 학교, 백화점 할인점 등 생활인프라, 주거환경 쾌적성이 입지를 결정한다.

입지가 좋아지면 내외부 유효수요가 늘어나니 내재가치가 높아진다. 대출이자가 낮아지면 수요가 늘어나 내재가치가 올라간다. 전월세를 찾는 사람이 늘어나면 수익가치가 올라가 내재가치가 커진다. 양도소득세 등 세금부담이 늘어나면 내재가치가 작아진다. 해당 지역에 주택공급물량이 늘어나면 희소가치가 떨어져 내재가치는 내려간다.

여기서 중요한 것은 집값이 등락할 때 가격 거품 여부다. 외환위기 1997년 이후 와 2007년 글로벌 금융위기 때 집값이 하락한 것은 가격 거품이 빠진 게 아니다. 내재가치가 떨어졌기 때문이다. 글로벌 경기가 악화되고 실물경기가 침체되고 집값 불안 심리가 높아지면서 주택의 내재가치가 떨어져 집값이 하락한 것이다.

지난해 11월 이후 집값이 약보합세를 보인 것 역시 가격 거품이 빠진 게 아니라 대출규제로 내재가치가 내려갔기 때문이다. 원리금 분할상환으로 대출이자 부 담이 늘어나 내재가치가 낮아진 것이다. 따라서 2013년 하반기 이후 집값이 올 랐을 때 "거품이 생겼다"거나 지난해 11월 이후 집값이 하락할 때 "거품이 꺼졌 다"라고 말하는 것은 옳지 않다.

개포 래미안 블레스티지 20평형대 분양가가 평당 4천4백만 원대라고 거품이 끼 었다고 하면 안 된다. 그만큼 내재가치가 높기 때문이다. 즉 입지, 희소가치, 미 래가치, 수익가치가 뛰어나기 때문이다. 한마디로 분양가(가격)는 블레스티지의 내재가치를 대변하는 것이다.

새 아파트가 드문 강남권에서 내재가치가 높아져 주택 가격이 오르는 것은 거품 이 아니다. 강남권 집값 상승폭은 통상 내재가치(70%)와 투자수요(30%)에 따라 좌 우된다.

NEW 부동산 생활백서 시즌3

초판 1쇄 발행 2016년 6월 24일

지은이 | 닥터아파트 리서치연구소
펴낸이 | 홍경숙
펴낸곳 | 위너스북

경영총괄 | 안경찬
기획편집 | 임소연

출판등록 | 2008년 5월 2일 제310-2008-20호
주소 | 서울 마포구 합정동 370-9 벤처빌딩 207호
주문전화 | 02-325-8901
팩스 | 02-325-8902

표지디자인 | 김보형
본문디자인 | 정현옥
제지사 | 한솔PNS(주)
인쇄 | 영신문화사

ISBN 978-89-94747-62-0 (04320)

* 책값은 뒤표지에 있습니다.
* 잘못된 책이나 파손된 책은 구입하신 서점에서 교환해드립니다.

이 도서의 국립중앙도서관 출판예정도서목록(CIP)은 서지정보유통지원시스템 홈페이지(http://seoji.nl.go.kr)와 국가자료공동목록시스템(http://www.nl.go.kr/kolisnet)에서 이용하실 수 있습니다. (CIP제어번호: CIP2016013096)

위너스북에서는 출판을 원하시는 분, 좋은 출판 아이디어를 갖고 계신 분들의 문의를 기다리고 있습니다.
winnersbook@naver.com | Tel 02) 325-8901